陈衡哲传

中国现代第一位女教授，中国现代文学史上第一位女作家。

中国最早的女留学生之一，北大第一位女教授，女学者、作家、诗人，任鸿隽之妻，胡适"最早的同志"……事业、家庭、爱情、友情在她身上得到了完满的统一

一日西风吹雨点

王玉琴 著

中国书籍出版社
China Book Press

图书在版编目（CIP）数据

一日西风吹雨点：陈衡哲传 / 王玉琴著. —北京：中国书籍出版社，2014.7
ISBN 978-7-5068-4313-3

Ⅰ.①一… Ⅱ.①王… Ⅲ.①陈衡哲（1893～1976）—传记 Ⅳ.①K825.6

中国版本图书馆CIP数据核字（2014）第178631号

一日西风吹雨点——陈衡哲传

王玉琴 著

策划编辑	武 斌 崔付建
责任编辑	刘 宏 牛 超
责任印制	孙马飞 马 芝
出版发行	中国书籍出版社
地 址	北京市丰台区三路居路97号（邮编：100073）
电 话	（010）52257143（总编室）（010）52257140（发行部）
电子邮箱	chinabp@vip.sina.com
经 销	全国新华书店
印 刷	北京中华儿女印刷厂
开 本	710毫米×1000毫米 1/16
字 数	200千字
印 张	12.75
版 次	2015年1月第1版 2019年4月第2次印刷
书 号	ISBN 978-7-5068-4313-3
定 价	42.00元

版权所有 翻印必究

序

在中外杰出女子中，陈衡哲堪称中国女界传奇。她是中国第一批官派留美女生，中国第一位大学女教授，亦是中国白话小说的第一位尝试者。她生于1890年，逝于1976年。在从传统社会迈向现代社会的急剧变革中，她见证了古老中国的沧桑巨变。在江山易色、战火连天、政治运动此起彼伏的社会动荡中，陈衡哲淡然于乱世风云，平静地走向人生终点，而没有像大多数现代文人那样，在惊涛骇浪中生死迂回。从开风气之先，到乐天知命、安然还乡，陈衡哲真正达到了中国文人理想的生存境界。

紫式部在《源氏物语》中说过："女人持身之难，苦难之多，世间无出其右。"翻检中国历代史书，阅读古代女子诗文，可以看到一条血流成河的闺怨之路。西汉戚夫人被吕后囚禁于永巷，作《春歌》云："子为王，母为虏，终日舂薄暮，常与死为伍。相离三千里，当使谁告汝。"戚夫人后来被截去四肢，剜目熏耳，置于厕所，成为被极权所残害的"人彘"。一代才女蔡文姬，身陷乱世，出嫁三次，所留《悲愤诗》，酸哀之至，"旦则号泣行，夜则悲吟坐。欲死不能得，欲生无一可。"生死均由人的古代妇女，经常受冤而死。辽道宗皇后萧观音，被诬与伶官私通，被逼自尽，留《绝命词》呼天呛地："呼天地兮惨悴，恨古今兮安极；知吾生兮必死，又焉爱兮日夕。"上层社会的妇女，与下层社会的婢女、妓女、洗妇、织妇，在人生自由与婚姻自由方面，均无起码的人权，"如何嫡嫡亲生母,只爱金钱不爱侬",女子对亲生父母的怨恨由此可见。由于女子地位的极其低下,传统社会中的中国女性,一出生就接受男尊女卑的规训,奉《女诫》《女论语》《内训》《女范捷录》为圭臬,将此"女四书"所要求的行为准则融入到血脉当中。"夫有再娶之义,妇无二适之文""在家从父,出嫁从夫,夫死从子"。三从四德的女子规训,作为儒家女教传统的精髓,在强大的男权政治影响下,历千年而不衰。裹足恶习,贞节牌坊,更像一道道紧悬的绳索,时时窒息着古代妇女的生命。

即使到了陈衡哲所生存的年代,男尊女卑的传统观念依然主宰着妇女们的命运。在陈衡哲的早年传记中,就记载了一位贞女成为望门寡妇的故事。按照时代习俗和家庭教育的通常要求,陈衡哲也应当成长为一位古典淑女,并遵循"父母之命,媒妁之言"在二八年华之后走进世俗婚姻。如果这样,就不会有今日历史上的陈衡哲。陈衡哲所选择的,是和她同时代姐妹不一样的人生道路。

陈衡哲排行老二,姐姐在7岁时缠足,婚姻也是父母做主。在陈衡哲的成长生涯中,拒绝缠足可被视为她叛逆精神的最初显现。她反抗缠足的理由很简单——疼痛,虽然母亲庄曜孚和婢女都试图以将来找婆家为由,要求陈衡哲缠足,但聪明任性的陈衡哲总在母亲离开后偷偷将裹脚布放开。多次反抗之后,母亲终于放弃。虽然庄曜孚也是按照传统淑女的标准接受教育,接受了父母之命的婚姻,但由于她具有相当的文艺素养,这使得她比同时代的家庭妇女多了一份宽容。另外,陈衡哲有一位开明的曾祖母,她开辟了一个优良的家族传统,要求"每个出生于或嫁入陈家的女子,或出于天性或由于环境,都要在文学艺术方面有或多或少的造诣"。嫁入陈家的庄曜孚后来成长为中国近代最杰出的女画家之一,与陈家的家族传统不无关系。与"女子无才便是德"的传统女教相比,陈衡哲父母接受到了一些新式思想的影响。庄曜孚从陈衡哲屡次反叛性的行为中意识到二女儿与其他孩子的不同,最终在不同时期支持了陈衡哲,这使得陈衡哲有可能按照自己的意愿改变人生。

由于陈衡哲天生的早慧以及独特的叛逆个性,这个家庭最终理解了陈衡哲男孩一样的个性，并对她寄予殷切希望。陈衡哲父亲陈韬亲自选择了《尔雅》《黄帝内经》等艰深古奥之书教授陈衡哲，这种在父母看来是"因材施教"的启蒙教育，被长大后的陈衡哲当成失败的早教典范加以批评。陈衡哲在上海女子中西医学堂求学期间，执教多门功课的女教师张竹君是一位被誉为"广东梁启超"的女界伟人，但在陈衡哲的眼中，她却是一位糟糕的教师，"心血来潮""缺乏人性""好恶极端""华而不实"，是陈衡哲对她的最终评价。不管是父母有意为之的特殊教育，还是创办女子中西医学堂的女界伟人，陈衡哲都敢于大胆臧否，毫不留情地予以批评。

陈衡哲理性的叛逆与求索精神来自舅舅庄蕴宽。深受新式思想影响的庄蕴宽对女子的人生有三种概括，"安命""怨命"和"造命"。一个积极把握自己人生的人，当然应该"造命"。"造命"之说影响了陈衡哲一生。

执着坚定的个性，敢于挑战、勇攀高峰的意志，使得陈衡哲在其他女孩相夫教子的时候，通过了全国性的选拔考试，成为中国第一批海外女留学生。在海外6年的留学生涯中，陈衡哲先后收获了瓦沙大学的学士学位和芝加哥大学的硕士学位。

因为特有的文学才情，陈衡哲还收获了胡适和任鸿隽的特别友情，谱写了"我们三个朋友"的历史佳话。因《留美学生季报》，三人鱼雁传书，写诗作文。任鸿隽更因《来因女士传》，对陈衡哲激赏不已，爱慕之情溢于言表。归国之后的任鸿隽赴海外考察时，首先奔赴芝加哥，看望在那里求学的陈衡哲。三万里求婚的诚意最终改变了坚持独身主义的陈衡哲。任鸿隽对陈衡哲说："你是不容易与一般的社会妥协的。我希望能做一个屏风，站在你和社会的中间，为中国来供奉和培养一位天才女子。"陈衡哲以自己的特有魅力，收获了一段同进共退、生死相依的爱情。多年以后，当陈衡哲因为《川行琐记》批评四川的落后而引起轩然大波，任鸿隽遵陈衡哲的要求，毅然辞去了四川大学校长的职务，遵守了他为陈衡哲提供终身"屏风"的诺言。

既不愿意"安命"也不想"怨命"而要一生"造命"的陈衡哲，自成长之日起,就在一切力所能及的情况下,自主安排人生。因此陈衡哲自少女时代就走南闯北,进入青年时期后,她坚决抗拒传统婚姻,并很快远赴重洋。学贯中西、视野开阔的陈衡哲,在历史和文学领域取得了令人瞩目的成就。可以想见,极富个性、敢于挑战、具有清醒的批判意识的陈衡哲所写出来的学术专著必有自己的特色。一部《西洋史》,正是陈衡哲富有开创精神和学术个性的最好证明。

中国历史的书写传统在不同的时代有不同的标准。孔子之《春秋》乃"微言大义"之典范。司马迁则提出了"不虚美,不隐恶""秉笔直书"的修史传统。陈衡哲受过传统教育,也喝过洋墨水,且又身处中国社会波澜起伏的变革时期,因此陈衡哲的《西洋史》一开风气之先,以白话文学之言,书写中国人眼中的西洋史。她说:"历史不是叫我们哭的,也不是叫我们笑的,乃是要求我们明白它的。""史中有文,文中有史"的写法,让陈衡哲的《西洋史》充满了文采和生机。短短几年,这本《西洋史》即再版了6次,一本教科书能被读者如此喜爱,可以想见这本历史教材的魅力。

让陈衡哲大放光芒的,除了历史学家的头衔,还有文学先锋的角色。在胡适开展白话文运动时,身边好友纷纷反对,唯有陈衡哲成了胡适最早的支持者,她更实际的支持是在《留美学生季报》发表白话小说《一日》,这篇书写美国大学女生日常生活的文章发表于1917年——比鲁迅的《狂人日记》还早一年。陈衡哲的文才引起了胡适和任鸿隽的注意。文字结缘,成就了任鸿隽和陈衡哲这一对伉俪,也成就了胡适、任鸿隽、陈衡哲一生的友谊。

陈衡哲和大多数民国才女不一样的是,她家庭美满而事业有成,她的一生,虽有波折但总体平安。她的身上,既有现代女子的叛逆、理性与抗争精神,也有深受传统文化滋养的古典情怀,这一点尤其表现在她的家庭观念和子女教育上。因此,"贤母良妻"是她人生中的自觉追求。曾经奉行独身主义的陈衡哲走进婚姻之后,说:"女子不做母妻则已,既做了母妻,便应尽力做一个贤母,一个良妻。"陈衡哲力求家庭和事业兼顾,由于她的辛劳与坚守,智慧与力行,她的3个孩子个个成才。大女儿任以都，获得哈佛大学历史学博士学位，后被宾夕法尼亚大学聘为终身教授，是第一个获此殊荣的华人女性。小儿子任以安，获得哈佛大学物理学博士学位，1959年任美国华盛顿地质调查局研究员，1992年任全美地质学会会长。二女儿任以书，由于身体原因及照顾父母的方便，在留美学业结束后回到中国，在上海外国语大学担任教授。

1949年建国之后，国内政治风波不断，身陷海外关系中的陈衡哲虽被多次抄家，但由于她历史学家的清醒和巧妙的生存智慧，每次都能化险为夷。在举国皆狂的"文革"时期，她虽有宿疾，但还能颐养天年，已经算是"岁月静好、乱世安稳"了。

陈衡哲的一生，从清末到民国，从民国到新中国，经历了世纪风波、江山更迭。她在剧烈的社会动荡和危流之争中，逆流而上，成为开一代之风的第一批留洋女学生和第一位中国女教授。她不仅在文学界、史学界享有盛名，也成为乱世中难得的爱情幸运者，获得了女性极为看重的知己爱人和幸福家庭。即使算不上"后无来者"，也算"前无古人"，陈衡哲的人格魅力、思想价值、个人才情、大师风范，无疑值得在历史上大书特书，更值得后世女性瞻仰学习。

本书从陈衡哲的童年、少年、青年、壮年、晚年的人生线索中，围绕陈衡哲女儿、学生、教师、学者、作家、妻子、母亲等多重身份，联系历史流光，寻绎陈衡哲各个侧面、各种角色的魅力和价值，以使这位被尘封了许久的大师光照后世，启迪今人。

我曾经是那些经历过民国成立前后剧烈的文化和社会矛盾、并且试图在漩涡中掌握自己命运的人们中的一员。因此，我的早年生活可以被看作一个标本，它揭示了危流之争中一个生命的痛楚和喜悦。

——《陈衡哲早年自传》

〈目录〉

一、末世书香 // 001

二、自然之子 // 009

三、童蒙受教 // 020

四、千里求学 // 029

五、违抗父命 // 043

六、蓄势待发 // 052

七、远赴重洋 // 060

八、黄金六年 // 068

九、异国文缘 // 077

十、学成归来 // 091

十一、文学先驱 // 099

十二、杏坛学者 // 112

十三、贤母良妻 // 123

十四、乱世屏风 // 137

十五、心的选择 // 146

十六、遗世独立 // 156

十七、馨香绵长 // 163

附录：陈衡哲生平事略 // 168

后记 // 183

一、末世书香

翻开陈衡哲出生之前的中国历史，可以看到一个经历了千年沧桑的庞大帝国正渐渐走入暮年，支撑了这个庞大帝国数千年的儒家道统和民间社会，正不断地被来自四面八方的各种强力所裹挟，经历着一次次风雨交加的侵蚀和考验。帝国之东，有海上邻国日本的虎视眈眈。帝国之北，有沙皇俄国的长期觊觎。东南沿海一带，来自英法等国的鸦片，凭借着坚船利炮，源源不断地侵袭着这个古老帝国的血脉筋骨。在中国东南省份，一场风起云涌的太平天国运动，以摧枯拉朽之势，威胁着泱泱大清的百年宏基。虽然这场历时14年、波及18省的全国性反清运动最后在内讧外攻下以失败告终，但清政府面临的外忧内患并没有减轻一丝一毫，反而

太平天国洋枪队

慈禧太后

光绪皇帝

更加严重,这个回光返照的庞大帝国在各种力量打击下岌岌可危。亡国灭种的潜在威胁让有识之士殚精竭虑,于是一场"师夷长技以制夷"的洋务运动应运而生,这场持续了35年求富自强的内部自救,最后终结于1895年的甲午风云。在甲午海战中,洋务派创建的北洋舰队全军覆没。

八方风雨瑟瑟,边陲四面楚歌,帝国统治上层更是矛盾重重,"垂帘听政"的慈禧太后死死抓住统治权不放,早该亲政的光绪皇帝傀儡一样忍气吞声。顽固派和革新派之间,你争我夺,互欲置对方于死地。"弱国无外交",一次次强敌压境之后,晚清政府交出的一次次答卷,是一次比一次更严重的割地赔款,是颜面无存的丧权辱国。江湖日下,苟延残喘,这就是当时的晚清帝国,陈衡哲,就出生在这样的乱世之交。

公元1890年7月12日,清光绪十六年五月二十六,一阵清脆的婴啼打破了陈家大院的宁静,她响亮的童音似乎宣示着自己的与众不同,这个刚刚出生的女婴就是陈衡

八国联军侵华战争

哲,乳名阿华,原名陈燕,字乙睇。这一年相距后来的中日甲午战争5年,距维新变法8年,距离光绪皇帝、慈禧太后先后辞世18年,距离晚清帝国覆灭21年。陈衡哲出生后,甲午战争、义和团运动、八国联军,此起彼伏,风起云涌,延续了几千年的封建帝国统治摇摇欲坠。正是这个摇摇欲坠的晚清政权在应对八国联军侵华战争中的一场失败,使得陈衡哲后来成为中国第一批留洋女学生具有了可能性。这倒像张爱玲在《倾城之恋》里说的,"在这不可理喻的世界里,谁知道什么是因,什么是果?谁知道呢?也许就因为要成全她,一个大都市倾覆了。成千上万的人死去,成千上万的人痛苦着,跟着是惊天动地的大改革……"

1900年,八国联军进攻北京,慈禧太后和光绪皇帝仓皇逃跑。1901年的庚子条约规定,清政府向各国赔款4.5亿两白银,分39年还清。当美国总统获悉最终得到的赔款总数将近于美国提出的索赔金额的两倍时,作出决定,将多出的部分设立中国学生留美奖学金,培养一批在美国接受教育的中国未来领袖。美国人的"好心"当然并不仅仅在此,他们更深一层的意图,是希望通过这个

第二届庚子赔款留美学生

衡　山

奖学金，将西方文化理念内植于中国杰出青年的头脑，从而在智识和精神上对未来中国领导人施加控制。这样，这个诞生于东西方敌对背景下的奖学金项目，将一大批最优秀的中国学生送到国外。本书的主人公陈衡哲和后文将要提到的胡适、任鸿隽，都是这个庚子赔款奖学金的直接受益者。

世事就是如此地吊诡，一场据说本来可以避免的战争灾难，一份丧权辱国的晦气条约，居然又为一批未来的中国青年打开了通往西方世界的大门……

再次为人父母的陈韬和庄曜孚当然不会知道将来这些让人焦头烂额的国家大事还会影响和成全自己的女儿走出国门。他们像当时大多数年轻人一样，只是希望刚刚生下来的这个女儿，能像当时大多数女孩那样温婉贤淑，知书达理，成人之后，在"父母之命、媒妁之言"的安排下寻得一个好归宿……

陈衡哲名字中的"衡"字，是为了纪念父亲的祖籍湖南衡山。奇怪的是，陈衡哲一生走南闯北，却从没有回过自己祖上的家乡。乱世之中，颠沛流离，能够平安度日就是极大的奢望了，哪还有余力余暇去寻根祭祖。但不管漂流于

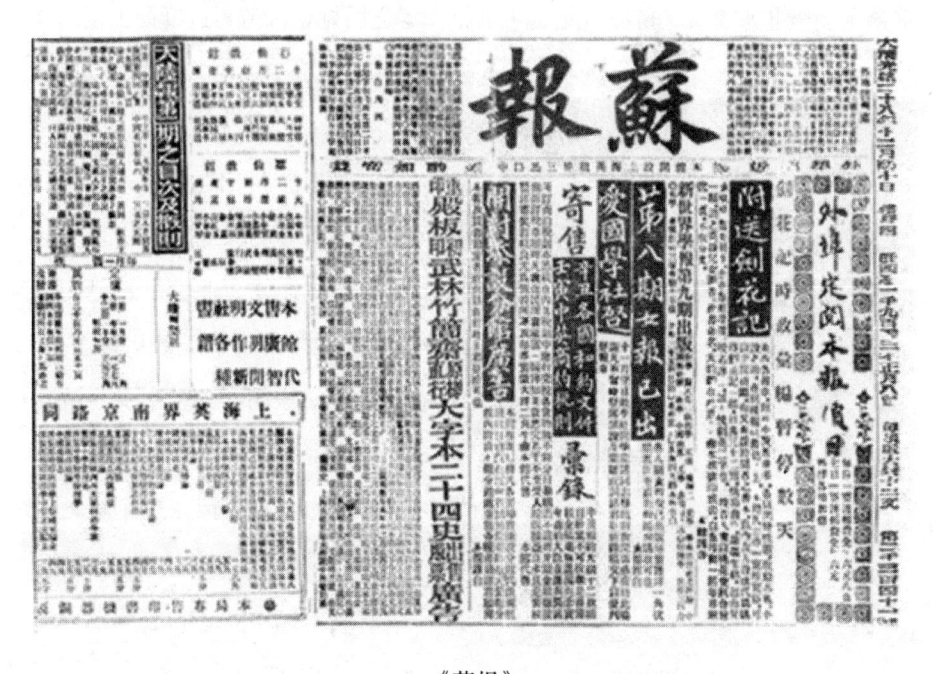

《苏报》

何方，陈氏家族还是以力所能及的方式缅怀先人。陈衡哲的四妹叫陈衡粹，中间一字也是"衡"。根据《陈衡哲早年自传》记载，陈家祖上为湖南衡山有名的"耕读世家"。衡山一带，山峰林立，风景优美，人们常说的"寿比南山"，就是指衡山。不过衡山一带，山多地少，交通不便，虽可以颐养天年，却难以让家族兴旺发达。陈衡哲的高祖是一个颇具开拓精神的人，他只身闯荡江湖，步出大山，走进四川，后来在四川为官。陈衡哲的曾祖母是一个四川女子，她为陈家开辟了一个良好的家族传统，要求每个出生于或嫁入陈家的女子，或者由于天性或者由于环境，都要在文艺方面有或多或少的造诣。勇于开拓的冒险精神，重视女子教育的家族传统，使得陈家从一个传统意义上的耕读世家，慢慢变成了一个颇有影响的书香门第。他们家由于四处为官，所以对于各省风俗，奇人异事，抱有非常宽容的心态。陈衡哲的祖父和外祖父同在浙江为官，他们既是官场的同僚，也是学问上的知己。她的祖母和外祖父都是常州人，祖母赵氏非常能干，是当地有名的画家。她在陈衡哲祖父退休时，亲自监工，在家乡武进建造了一座非常宽大的陈家大宅，可惜，一年之后她就因劳累过度而去世。陈衡哲就出生在这座由祖母亲自参建的大宅里。

陈衡哲出生于名门望族，父母双方的家庭成员中很多具有不凡之才，他们以自己的言传身教积极地影响着后世子孙。大伯父陈鼎，进士出身，曾任翰林院编修，做过北大校长蔡元培的老师，担任过军机处行走，后来因为支持戊戌变法，被投入狱中。二伯父陈范，中举后在江西为官，后来接办《苏

一代女杰陈撷芬

报》，专门登载宣传反清的革命文章，名重一时。二伯父陈范的长女陈撷芬，是中国最早的杰出女报人，1899年冬，16岁的陈撷芬在父亲支持下，在上海创办《女报》，并担任主笔。陈撷芬还担任过上海爱国女校的校长（第一任校长为蔡元培），和父亲避居日本期间，肄业于横滨基督教共立女学校，后与四川人杨镌结婚，同赴美国留学。陈衡哲的三舅庄蕴宽（1967～1932），曾考取江南会考副贡，历任广西南平知县、梧州知府、龙州道台兼边防督办等职务。回乡省亲期间，在广东广西见过许多奇人异事的他，总是将新鲜见闻和外国文化讲给陈衡哲听，开启了陈衡哲对天外世界的最初认知。陈衡哲的大姑母陈德懿身体健壮，精神饱满，在书法、诗词、历史和传统医药方面颇有造诣，而且还烧得一手好菜，更是一个主持大家庭的能干主妇。这些亲戚们由于自身的精明强干，敢于挑战，很欣赏陈衡哲身上勇敢上进的男儿气质。

陈衡哲出生时，祖父母陈钟英夫妇早已过世，两个伯父均在外为官，偌大的陈家大院，主人就是21岁的陈韬和20岁的庄曜孚。这对因"父母之命、媒妁之言"而结缘的年轻夫妻，情投意合，夫唱妇随，是包办婚姻中幸福夫妻的典范。陈韬（1870～1937），字香凝，号季略，别号玉螭公，祖籍湖南衡山，生于江苏武进。陈韬家学渊源，工于行书，长于诗词，喜好收藏，精通鉴赏。在陈衡哲的记忆里，父亲总在书房苦读，无论晨曦未明，还是夜深人静，她总能听到父亲在曼声吟诵古籍和时文。陈韬和当时绝大多数清末的读书人一样，希望通过科举考试一举成名，加官晋爵，光宗耀祖。陈衡哲母亲庄曜孚（1871～1938），字莳史，号六梅室主人，出自常州大姓庄家，她知书达理，温婉能干，有良好的画艺功底，是陈家大院务实的管理者。日常生活中，陈韬脾气暴躁，容易发火，庄曜孚则脾气温和，头脑冷静，料理家务头头是道。由于陈家历来有重视女子教育的传统，娶妻娶媳也十分重视女方的教育背景。陈韬的母亲赵氏、妻子庄氏都出自人文荟萃的江南，陈韬也特别希望妻子庄曜孚能像母亲那样成为画艺精湛的艺术家。因此，这对小夫妻的日常生活中一个经常的场景，就是陈韬督促、鼓励妻子作画。夫妇二人经常面对一张摊开的宣纸讨论画面布局。讨论完毕，妻子画画，丈夫题诗，珠联璧合，相得益彰。在那个封建家长制气氛还非常浓郁的清代末年，由一对年轻夫妇完全当家作主的家庭可以说是凤毛麟角。陈衡哲出生在这样一个充满青春气息的书香之家，可以说是非常幸运的。

事实上，陈衡哲出生时，社会主流思想虽然还是儒家道统在发挥作用，但晚清政权已在苟延残喘，新思想、新思潮已经如火如荼。两个伯父的基本思想都倾向于改良，而且他们都已经走在时代的前头，并为自己的先锋角色承担了必要的牺牲。大伯父因同情和支持维新变法锒铛入狱，二伯父和堂姐因为宣传革命，避祸日本。三舅掩护过黄兴等人的革命活动，开办过法政学堂和陆军干部学校。这个时候，陈衡哲的父母，羽翼未丰，避居乡间，靠祖业过着相对宽裕的小康生活。陈衡哲，这个生于末世书香之家的二小姐，由于年纪尚小，还没有亲历复杂的时代风云，暂且优哉游哉，在这个书卷气息浓郁的家庭中，开始了她快乐的童年……

二、自然之子

> 我是自然的孩子，最爱的是自然。
>
> ——《陈衡哲早年自传》①

陈衡哲小时候居住在江苏武进的陈家大院。这座由女画家祖母亲自监工的江南民居，深得中国园林之境。客房、书房、卧房按照由外到内的顺序依次递进，前后房屋之间，有宽大的天井，天井里古木参天，孩子们总喜欢在天井里奔跑嬉闹，佣人们也习惯在天井里做一些杂活。房屋的后面，是一个带有假山、石桌、石凳和树木花草的大花园，花园围墙的后面是家里的菜园，一年四季，家里的园丁们在这里种上各种瓜果蔬菜。这个几进几出的陈家大宅，从南到北，井然有序。相对宽裕的家庭经济，偌大无比的书香庭院，江南特有的明月清风，滋养着小小的陈衡哲。

四五岁的小衡哲，经常一个人偷偷遛进家里的后花园。后花园，是古代女性涉足最多的户外之地。中国后花园演绎的动人故事，以王实甫的《西厢记》和汤显祖的《牡丹亭》为最。那些大门不出、二门不迈的富家小姐，徜徉在后花园里伤春悲秋，面对花花草草细诉女儿心事。对于年幼的陈衡哲来说，后花园的魅力，在于天真烂漫的自然。

---

① 《陈衡哲早年自传》，陈衡哲著，冯进译，安徽教育出版社2006年版，第13页。

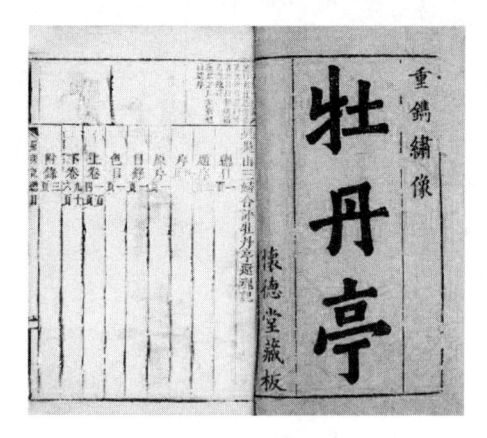

民国版《牡丹亭》

民国版《西厢记》

　　一天中午，陈衡哲趁奶妈打盹的时候，偷偷来到后花园，她脱离了奶妈的牵绊，快活地围绕石桌石凳，转了一圈又一圈。一会儿，她又独自来到假山旁边。洞洞眼眼的假山，如一个接一个的迷宫，幽暗中透出一股诱人的气息，陈衡哲逡巡而进，在曲径通幽中探索前行的道路，等她一个洞一个洞地钻了一个来回，她找到了隐藏的乐趣：她看到了外面的世界，外面的人却看不到她。后花园的这座假山，让她学会了开掘大自然的秘密。

假山底下，是一个小荷塘，荷塘里有来来往往的小鱼儿，陈衡哲找了根小树枝，把荷塘又搅和了一通，哗哗的水声把塘里的小鱼惊得游来游去！慌不择路、四处乱窜的小鱼，让小衡哲充满了挑战的快乐。听到假山这儿发出了声音，家人赶紧闻声寻来。小衡哲灵机一动，不动声色、轻手轻脚地躲进假山上的石洞里。只闻其声、未见其人的母亲以为陈衡哲又去了其他地方，就到其他地方寻找。找来找去，仍不见半点人影。疑疑惑惑的母亲，又回到假山这儿寻找，这回细心的她，循着潮湿地面的痕迹耐心察看，终于将躲在假山里的小衡哲逮个正着。小衡哲被母亲抓住了，高兴得咯咯大笑，本来怒目而视的母亲被女儿的快乐所感染，伸出去的巴掌转为热烈的拥抱。她一再叮嘱奶妈，"这孩子心野，看紧一点，别让她出事！"小衡哲的大胆机智和小小玩心，经常让母亲和奶妈暗暗担惊受怕。

收获的季节来临，家里的园丁忙于采摘豆角和瓜果，一顶梯子架在围墙上，

旧时江南民居

园丁站在梯子上采摘树上的果子。等园丁转身下去后，小衡哲就偷偷攀爬而上，她好像不知害怕为何物。围墙的外面，稻谷金黄，成片的稻浪在秋风吹拂下前后翻滚，步履匆匆的行人送来他乡的气息。小梯子让陈衡哲发现了一个天外的世界，她经常悄悄地爬上梯子，向围墙外眺望，近处的牧童，远处的炊烟，还有天上的飞鸟，都让她兴奋，让她惊奇，每当她指着这些，告诉比她大三岁的姐姐，姐姐总是无动于衷。庄曜孚后来知道了陈衡哲爱爬梯子，就叮嘱园丁用完梯子立即收起来。但聪明的陈衡哲开动她小小的脑筋，想出了办法。

她在母亲起床前早早起来，到园丁那儿软磨硬施，叫园丁偷偷把梯子架起来，等母亲起床后再撤去。园丁们无奈，只得架好梯子，看她大大咧咧地爬。陈衡哲爬上晨晖中的墙头，满围墙的蔷薇沿着墙头向她点头微笑。陈衡哲奋不顾身地爬上去，把墙头最大的蔷薇花采摘下来，园丁吓得心惊肉跳。不一会，小衡哲稀疏的头发上就插满了自己采摘的红蔷薇。等到母亲起床的时候，她满头鲜花，笑意盈盈，来到床前，得意地告诉母亲，花都是她自己采来的。母亲又惊又怕，生怕她摔着了，但小衡哲却毫不在意。

陈衡哲喜欢躲假山，爬梯子，玩陀螺，放风筝。母亲为了让她从这些野性的游戏中摆脱出来，哄她：

"我给你买漂亮的衣服。"

"不要！"

"给你扎漂亮的小辫！"

"不要！"

"那你要什么？"

"外面，我要去外面！"

大自然的广袤、幽深、变化万千，一次又一次地带领她，走进一个

清末仆人侍奉小姐梳头

神奇的世界。

陈衡哲六岁那年的一个秋日，扬子江畔最美丽的季节。

傍晚时分，陈衡哲和家里的婢女去菜园收衣服。一棵不知名的大树，像一个智慧老人，安静地站在苍茫的秋色中。陈衡哲端详着这棵苍老的大树，发现它老得连一片叶子也没有了，它静默地、光秃秃地站着。陈衡哲面对这自然的奥秘，不懂为什么枝繁叶茂的大树会变得这么枯萎，她没来由地感到了一种异样的失落。流连迷茫之际，远方乌云四合，天空中传来呼啸而来的声音。举目望去，一大群黑色的乌鸦，从远方扑翅而来，翅膀和鸟喙碰撞出巨大的声响。正在陈衡哲感到惊异的时候，这群黑色的乌鸦向她俯冲下来，小衡哲刚要叫出声来，乌鸦们却像约定好的一样，呼啦啦降落在那颗苍老的大树上，几千个移动的黑色物体，一下子覆盖了老树的每一根树枝，宛如绽开了千万朵黑色魔花。暮色四合，这移动的黑雾，像一幅神秘的画，印在陈衡哲的脑海里，当婢女收好衣服，拉着陈衡哲离开时，她像生了根一样，定在地上……

陈衡哲七岁那年的春天，陈韬去给父母上坟。作为对小衡哲学业的奖赏，陈韬允许二女儿与他一起去。小船行进在江南的水乡深处，风从前方缓缓吹来，水波一浪一浪往后退去，惊扰着本来平静的水面。小船悠悠，顶着碧波，坚定地向遥遥的前方驶去。陈韬陶醉在静谧的春光里，诗心大

清朝人生活场景

发，他一首又一首地吟唱着古诗，抒发着一种说不出的惬意。小衡哲看着河流两岸青绿的树木，随着小船在碧波荡漾中悠然前行，这样的水上漂流，无拘无束，自由自在，比她在后花园爬梯子的感觉还要好。那水天交接的远方，苍苍茫茫，云山雾罩，散发着令人魂牵梦萦的魔力。航行于碧波之中的陈衡哲，心悦诚服地沉浸在漂流的世界里，她希望这迈向远方的漂流旅程，能永远地继续下去……

自然是美的，沉浸在自然中的童心是自由的，但这样的自由，还要经受种种人为规则的考验。

陈衡哲生于书香之家，成为淑女是当时士绅之家通常的要求。与陈衡哲同时代及其以前的大多数女子，都必须接受儒家女教教育。明清时期，正规的女教教育读本为《女四书》，即东汉班昭的《女诫》，唐代宋若莘的《女论语》，明成祖徐皇后的《内训》，明代王相之母的《女范捷录》。《女四书》中影响最大、流传最广的当为《女诫》。《女诫》中以女子"卑弱"为第一，"古者生女三日，卧之床下，弄之瓦砖，而斋告焉。卧之床下，明其卑弱，主下人也。……谦让恭敬，先人后己，有善莫名，有恶莫辞，忍辱含垢，常若畏惧，是谓卑弱下人也。"按照班昭的解释，女孩一生下来，就应丢弃于床下，让她感知生不如人，

《女四书》

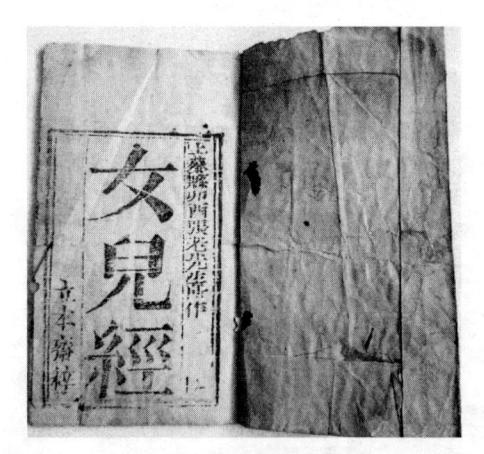

木刻版《女儿经》

明确自己卑弱下人的身份。

自愿服膺于男权统治的《女四书》作者，对女性的出生、成长、婚姻，甚至内心世界，都提出了极为严苛的要求。为了让普通百姓也能较为简易地驯化女性，时人又根据《女四书》，编写了更为通俗的《女儿经》，要求女性"莫懒身，莫作声，莫高声，莫生瞋，莫骄矜，莫记恨，莫欺贫，莫使性，莫出门，莫眼热，莫理论，莫外说，……"。一个正常的女子，如果行事确实如《女四书》《女儿经》中所要求的，她就很难有什么自我，很容易被驯服为一个持家的木偶，泄欲的对象，生育的工具。

封建女教的"圣经"，从思想上彻底清洗了女性的自由意识。缠足，更从身体上彻底限制了女性的行走能力。

按照男性眼光来界定，女子之脚，当美如"三寸金莲"。在男人眼里，小脚女子，娉娉婷婷，风摆杨柳，弱不禁风。夜深人静，三寸金莲在握，瘦欲无形，柔若无骨。清代小脚迷方绚为小脚写了一本专著《香莲品藻》，戏剧家李渔总结小脚："既可用之在日，也可用之在夜。"但一双男性眼里的美妙小脚，要经过长期的裹压缠绕方能形成。初缠时，先将脚拇趾以外的四趾屈于足底，用白棉布裹紧，等脚型固定后，穿上"尖头鞋"，白天让两女仆扶着行走，以活动血

清末，缠足的妇女和儿童。妇女缠足，其小脚被称为"三寸金莲"。

液；夜里将裹脚布用线密缝，防止松脱。经过多年残酷的缠裹，一双脚几乎从皮肤到肌肉，从关节到骨骼都有巨大的变化。这样的双脚，终生无法正常地以脚掌使力走路，同时也失去了跳跃、舞蹈的能力，永远只能"待字闺中"。

绝大多数小脚女子都是在忍受过一次次撕筋裂骨的疼痛之后，无奈地接受了各种窒息人性的封建教条，做了一个俯首帖耳的"贤妻良母"！而那些心不甘意不愿的有一点反抗精神的女子，总以这样或者那样的方式，控诉并反抗着。《随园诗话》记载，清代苏州一李氏女，貌美而脚大，给人家做妾被拒，气愤之下，以《弓鞋》为题，赋诗一首：

> 三寸弓鞋自古无，观音大士亦双趺。
> 不知裹足从何起，起自人间贱丈夫！

但起自人间贱丈夫的裹足之习，根深蒂固，反抗者寥寥无几。陈衡哲母亲

弓　鞋

庄曜孚考虑到女儿将来的婚姻幸福，依然遵循时俗，决定给小衡哲裹脚。她拿出两条长长的裹脚布，在自己母亲和家中婢女的帮助下，要求陈衡哲裹脚。

"为什么要裹脚？"

"小脚漂亮，将来能找到好婆家！"

"为什么男孩不用裹脚？"

"……"

庄曜孚一下语塞，她还真说不出更多冠冕堂皇的理由。自己是小脚，母亲是小脚，母亲之前的女人都是小脚。小脚就是当时女性能够走进如意婚姻的重要审美标准，她怎么能拿女儿将来的幸福开玩笑呢！于是不管三七二十一，庄曜孚给陈衡哲的双足裹上了一层又一层严严实实的裹脚布。

曾经日日在天光下行走的陈衡哲一下子被限在斗室之内，想迈着疼痛的裹脚走出房门，难如登天。每踏一步，脚底都会钻心地疼痛。陈衡哲坐在房内，透过窗户，看她每日都去玩耍的后花园，只见那里依然青枝绿叶，蝴蝶翩迁。小鸟在枝头叽叽喳喳，不断地召唤着被困在室内的陈衡哲。家里其他的小脚女子，母亲，婢女，奶妈，都在迈着被裹成形的小脚，颤巍巍地走在家前屋后，天井内外。她们早从多年的疼痛中解脱而出，现在已经麻木了。

19世纪中国女人的服饰

如果陈衡哲真的完全顺应了母亲的裹脚之举,就绝没有今日历史上的陈衡哲。十几年后,陈衡哲能够出洋留学,一个最最起码的要求,就是要有一双天足。

陈衡哲反抗了,她当然不是为了以后出洋留学。她的反抗,来自一种天性中的本能。本来自由的双脚,被裹得密不透风,难受啊!疼痛啊!不自由啊!现在她能明白"小脚一双,眼泪一缸"的意义了!那一双双男人认为漂亮的小脚,原来都是无数疼痛的泪水换来的啊!

陈衡哲虽小,但也明白,不能明着对抗母亲的教令。于是她趁母亲离开她的时候,在夜深人静全家睡觉的时候,像做贼一样,自己偷偷地把裹脚布放开来。她舒活舒活被强行并拢的脚趾,不懂得母亲为什么要让她受如此"酷刑"——天足有什么不好呢?

庄曜孚看到陈衡哲老老实实地呆在屋内,以为淑女的训练已经开了一个好头。她并不知道,陈衡哲的脚,裹了脱,脱了裹,等她最终发现时,她愤怒,她训斥,但最终无能无力。女儿的反抗力量,远远超过她的耐心。

家里一个"三寸金莲"的婢女发现女主人对陈衡哲束手无策,便自告奋勇地要来试试。得到女主人的允许后,婢女如临大敌,她讲了一通又一通裹脚的大道理,语重心长,但陈衡哲嗤之以鼻,不为所动。见软的不行,又来硬的,她想强行按住陈衡哲,以武力压制她裹脚。但陈衡哲使出浑身力气挣脱了,三寸金莲的碎步，根本追不上天足的奔跑，早在婢女追上之前，陈衡哲已迅速跑到后花园，"砰"的一声关上了院门，把婢女挡在门外。

陈衡哲躲在花园里，反锁了院门，怎么也不肯出来。

婢女束手无策，只好答应："今天不裹了！"

第一次就搞得灰头土脸，婢女气急，去找庄曜孚告状。

庄曜孚沉默了一阵，冷冷地说："多谢你关照我女儿的脚。不过在这个家，就算我做母亲的也不强迫孩子做任何事。你应该得到我的允许，才能对我的孩子动手。"

一次又一次的反抗，陈衡哲得遂所愿，从此以天足来往！陈衡哲的幸运，很大程度上，归因于尊重孩子个性的、开明宽容的母亲庄曜孚，这个具有相当文艺素养的年轻主妇，较为迅即地接受了当时社会上的维新思潮，调整了自己的传统观念。她并没有因为陈衡哲的反抗而气急败坏，而恼羞成怒。她以冷静和宽容，实时调整对孩子的教育策略。但她这样开明的教女方式却受到了自己更为传统的母亲的责备。每当陈衡哲的外祖母看到小衡哲那一双天足，就责备庄曜孚："看看她那双船脚！简直可以载十个人过河。天哪，等她到了出嫁的年纪你可怎么办？"

不管多少风，多少雨，庄曜孚总是伸出自己的臂膀，像大伞一样，护佑着自己的孩子。年幼的陈衡哲，在双亲的关爱下感受着，也反抗着。一双自由的脚，是她向时俗、向父母争来的，靠着它们，她将行走在更广阔的天地中。

三、童蒙受教

> 我童年时代的道德环境十分传统……在这种传统的氛围中,弥补我智力发展欠缺的唯一因素,是我生来就有的强烈好奇心。即使在童年时代,我也凡事追根问底,直到好奇心满足才会罢休。
>
> ——《陈衡哲早年自传》①

庐 隐

在中国古代女子教育中,"女子无才便是德"的观念根深蒂固。其实,女子无才,目光短浅,口讷无言,人云亦云,常常沦为欺凌的对象,一旦为人妻,为人母,往往因循守旧,成为男权统治的传声筒。在中国现代文学史上,女作家庐隐的母亲便是一例。庐隐出生当日,外祖母去世,无知的母亲把这个刚刚降生的婴孩认定为一颗灾星,弃养于奶妈,从此庐隐命运多舛。因为不容于亲生母亲,不容于家

---

① 《陈衡哲早年自传》,陈衡哲著,冯进译,安徽教育出版社2006年版,第37页。

庭，庐隐吃尽了苦头，心灵深受伤害，她写出来的文章，悲哀愁苦，充满了对人生的无望。庐隐比陈衡哲晚出生8年，同样生在父亲是举人的家庭。但由于两人母亲素养不同，庐隐的人生要比陈衡哲艰难得多，不幸的庐隐36岁时因难产死于上海大华医院。

陈衡哲的父母，跟当时绝大多数家长比较起来，开明与宽容远甚于一般家庭。在这样的家庭中，陈衡哲开始了她的童蒙受教。

陈衡哲很小时就雄心勃勃，期望自己在聪明能干方面超越姐妹。当她三四岁时，父母问她和姐姐谁想先识字。陈衡哲说自己想先学，于是庄曜孚把她抱着跪在凳子上，开始在桌上的红纸上书写简单的汉字来教她，小衡哲开始还很自豪，后来听到姐妹在院子里玩耍发出来的欢笑声，她开始自怜地哭喊，母亲面对她的哭闹没有责怪，而是把她抱下凳子，让她自由自在地玩耍。两年之后，陈衡哲重新开始读书写字。尽管有过第一次学字的不顺利的经历，父母还是坚定地认为，二女儿衡哲比姐妹早慧，理当因材施教。于是父母分工，父亲教陈衡哲，准备把陈衡哲培养成未来的学问家。母亲教她的姐妹，从通俗易懂、朗朗上口的古典诗词开始教起。父母根据自己孩子的特性，进行有针对性的启蒙教学，当然是经过深思熟虑的，其主要出发点，是为孩子的前途计划的。

毫无疑问，陈衡哲的父亲陈韬在教授陈衡哲时有些急功近利，拔苗助长。对他的教学启蒙，后来陈衡哲在撰写自传时批评过，在今人看来，他的启蒙教学确实也违背了儿童教学规律。因为他所选择的第一部教材，严格意义上来说，不适合初入课堂的儿童。儿童的天性活泼，思维还比较稚嫩，教学应以轻松、通俗、简单为主。陈韬教陈衡哲的第一本书是《尔雅》，这是中国最早的一本词典，一般在儿童完成识字阶段以后学习。陈韬教陈衡哲《尔雅》，是把《尔雅》当成百科全书，认为陈衡哲在学习了高深莫测的字词之后，就有了阅读一切书籍的基础。陈韬用心良苦，小衡哲却痛苦不堪，与通俗易懂、朗朗上口的诗词比较起来，《尔雅》味同嚼蜡。陈衡哲学的第二本书，是陈韬记录的中国各地地名，第三本书是他的历史笔记。在陈韬看来，深奥难懂的字词学了，历朝历代

《尔雅》是儒家经典，是中国最早的词典性书籍

的历史知识学了，从古到今的地名、掌故学了，岂不是排除了阅读一切中国古籍的拦路虎？

由陈韬所教陈衡哲的基础知识，可以看出陈衡哲父母对她的殷切期望。偶然的一次机会，陈衡哲给落枕的二舅按摩，得到二舅的极力褒奖，认为她是个天生的良医，她的父母理当把她培养为中国最好的医生——儒医。于是，陈衡哲父母决定听从二舅的建议，让陈衡哲学习、背诵深奥难懂的八大册《黄帝内经》。面对这些远远超越一个孩子的承受能力的早期教育，陈衡哲一方面无奈地、被动地吟诵，另一方面也激起她本能的质疑和反抗，她常常问自己，父亲为什么让她学习自己非常讨厌的枯燥知识？为什么自己必须听从父亲不合理的命令？为什么不能随心所欲地放风筝？

对于一个好奇心极强的孩子来说，陈衡哲觉得父母的教育经常让自己惊诧，在惊诧中，她有时反省，有时疑惑，她经常想问：为什么？为什么？

陈衡哲9岁那年的春天，一家人都搬到了外祖母家里，自家原先的大屋子租给了别人。搬家的原因自然不外是为家里增加收入。陈衡哲的父亲陈韬，一直到她13岁时才出外为官，13岁之前，父亲一直在寻求金榜题名的机会，但几次赴京赶考，均不第而归。搬家之后，陈衡哲她们住的地方小了，院子更小。有一天早晨，小小年纪的陈衡哲躺在床上，强烈地思念起自幼就在里面玩耍的家里的大花园，想念花园里正在开放的美丽鲜花，想念家里的菜园。不可遏止的创作冲动，激起她作诗的欲望：

我要写诗！

一个声音从她心底升起来。于是她迅速穿好衣服，把脑子里刚刚作好的诗抄写在纸上，谁知刚刚写好，母亲就进来了！陈衡哲吓了一跳，她像做贼一样地，把纸团成一个球，抓在手里。

她又惊恐，又害羞。因为母亲反复教过她，女孩子一定要学会隐藏自己的感情，将自己的感情随便流露是一件羞耻的事情。陈衡哲写诗发泄了感情，觉得羞愧不堪。她拿起纸团，拼命地跑了起来！

这一切哪里瞒得了明察秋毫的母亲，她追上来，把陈衡哲手里的纸团抢过去，说：

"要是你现在长大了，又藏了什么写的东西不给我看，那可就是大丑事了？"

庄曜孚没做任何解释。陈衡哲感到非常奇怪：为什么长大藏东西就是大丑事呢？她百思不得其解。

慢慢地，她发现了答案！

原来母亲所说的藏东西，不是她写的诗，而是情书。不管是男人写来的情书，还是自己写的情书，一旦被发现，就是天下最丑的丑事。如果有情书之类的事情发生，所有的街坊四邻都会指着这个女孩的脊梁骨窃窃私语：

"那个不学好的女孩，在跟男人通信！"

陈衡哲明白了，大人的意思是，一个女孩长大以后，绝对不可以和男性交往。女大当嫁之时，只能由父母安排婚事！只有轻浮放荡的女人，或是无知无识的女人，才会不知廉耻地自找情人。越是有教养的大家闺秀，越要遵从"父母之命，媒妁之言"。"男女授受不亲"是圣人之言，女孩当永远铭记在心。

这样的禁忌让陈衡哲对未来的婚姻感到很可怕。

不久，她又亲眼见证了一个女孩的"望门寡"故事，这使得她对当时女孩的命运有所思考，有所好奇，难道所有的女孩，都应该这样吗？

一天早晨，母亲说有个新娘要来吃饭。小衡哲乐不可支，在小女孩的心目中，新娘是世界上最美丽、最幸福的女子。中午临近，陈衡哲和姐妹们不断地到门口去张望，希望尽早看到美丽的新娘。等到新娘的轿子临近，陈衡哲心里嘭嘭直跳。轿帘掀开后，一个满脸泪水、浑身穿着雪白孝衣的女子，有气无力地走下来，母亲迎上前去，两人相对拭泪，言辞之中，愁苦不尽。期待着的喜庆、鲜艳、红得耀眼的新娘没有出现，反而等来一个苦水涟涟的白衣女子。等到陈衡哲听到母亲的解释，她才明白，这个新娘的未婚夫已经死去，她是以"望门寡"的新媳妇身份来吃饭的。这样一个从未见过"少爷"的"少奶奶"，按照当时的道德礼节，最高尚的做法是为死去的未婚夫守节。这个一年不到，"望门寡"少奶奶便追随"亡夫"于地下，实现了社会所要求的忠贞不渝。

陈衡哲多么希望这个"望门寡"的少奶奶，能成为真正的新娘！不久她又知道了一个"花蝴蝶"的故事。

这个遭遇同样经历的女孩，"未婚夫"也死了。父母问那个女孩是否要未婚守寡？她委婉地说："随你们做主。"尽管女孩未有非礼之言，未有非礼之举，但这样一种委婉的拒绝，其实是不为人们接纳的。后来，那个女孩重新定亲、结婚。但人们纷纷认为，她的人品已经有了终身抹不掉的污点。"花蝴蝶"，这样一个带有贬抑和嘲讽意味的诨名，成为她一生的标记。

陈衡哲就这样在新旧道德中，跌跌撞撞、疑疑惑惑地成长着。"望门寡"新娘得到了时人的赞美，但"结婚"一年而亡。"花蝴蝶"媳妇随了自己的心愿，但终身承受他人的鄙视。自己的父母认为自己不同于其他姐妹，期待自己成为学问家，成为世界上最好的儒医。陈衡哲纳闷，自己是什么样的女孩？做什么样的女孩？未来的出路又在何方呢？

童年和少女时期的阅读，让陈衡哲对自己的未来有了比较浪漫的设想。父亲陈韬是梁启超的崇拜者，家里收有梁启超主办的《新民丛报》。梁启超汪洋恣肆、挥洒自如的文笔，使得他的文章在宣扬新道德与新思想方面，具有排山倒海、震撼人心的力量。

年幼的陈衡哲通过《新民丛报》了解到西方国家两个杰出的女性：罗兰夫人和贞德。罗兰夫人被称为法国大革命时期"最高贵的女人"，按照梁启超的介绍，罗兰夫人声音甜美深沉，举止优雅高贵，饱读各类诗书。罗兰夫人政治头脑敏锐，智慧超人，吸引了一大批法国当时的风流人物，国民公会中的许多议案都是在她的沙龙里产生的，吉伦特派对罗兰夫人极为崇拜。可是对手雅各宾派对她恨之入骨。才智过人的女性魅力，振聋发聩的举臂高呼，让陈衡哲对罗兰夫人充满了崇拜。

另一个让陈衡哲念念不忘的是年轻漂亮、转战疆场的少年女英雄贞德。一个女孩也能骑在马上，威风凛凛，为国家冲锋陷阵？这与陈衡哲在生活中看到的中国女人是多么地不同啊！

西方女性楷模的巨大感召力，经常让陈衡哲辗转反侧。但这两个激动人心的女性榜样，一个走上了断头台，一个遭遇了火刑，如何既威风八面、一呼百应，又不至身陷死地、危机重重，是小小年纪的陈衡哲经常感到纠结的事。

在陈衡哲反复纠结的少女时期，三舅庄蕴宽经常回到外祖母家省亲。陈衡

《新民丛报》　　　　　　　　　梁启超

罗兰夫人　　　　　　　　圣女贞德

哲这时候也随同父母住在外祖母家里。每天清晨，陈衡哲总是迫不及待地来到三舅的房间。三舅总是惬意地躺在床上，拍拍床沿，让外甥女坐下来。

"今天我再给你讲点什么呢？"清晨的谈话，总是这样的开场。

庄蕴宽多年在外为官，见多识广。尤其在广州这个通商口岸为官，让他有机会见识到欧美的科学和文化，更见到一些来中国服务的美国女子。来到中国的这些美国女子，以天足往来，落落大方，身怀一技之长，或在学校做老师，或在医院当医生。这些远涉重洋、行走自如的西洋女子，与男人交往总是不卑不亢，面对困难总是临危不惧，跟大门不出、二门不迈、谨小慎微、诚惶诚恐的中国女子相比，简直有天壤之别。庄蕴宽从南国广州来到相对传统的武进，能够面对自己求知欲极强的外甥女，讲这些奇闻轶事，也是省亲期间非常快乐的一件事。

让陈衡哲印象深刻的，是三舅跟她讲的外国女子的婚姻观念。当古板的外祖母不在场时，三舅像一个淘气的孩子似的告诉外甥女，美国的女医生都是

"自己找婆家"。陈衡哲和姐姐听到这样的话，窘得面红耳赤。舅舅更加得意，告诉她们："这可是个好风俗。我的女儿长大了，我也要让她们自己找婆家。"不管这些观念是多么地让陈衡哲感到不可思议，这些在当时多数中国人看来"不知羞耻""大逆不道"的言论和行为，无疑促进了陈衡哲对人生的多重理解。

舅舅所讲的一桩桩异域奇闻，让小小年纪的陈衡哲非常兴奋，她一眼不眨，盯着舅舅的嘴，唯恐漏掉一个字。

她问舅舅："您怎么知道得这么多？"

"你以为我知道的事情多吗？和欧美的学者比起来，我差得很呢！我希望你能得到我没有机会得到的学问。比如科学救人的知识，妇女新使命的认识。"舅舅说。

"胜过舅舅吗？天下哪有此事？我就是做梦也不敢想啊！"陈衡哲老老实实地说。

"胜过我算什么？一个人必须胜过他的父母尊长，才叫有出息！没出息的人才要跟着父母尊长的脚步走！"

这些常人看来大逆不道的言论，像一次次思想上的革命，敲击、震撼了陈衡哲。

舅舅每回家一次，陈衡哲就受教一次、震撼一次。渐渐地，她要有出息的念头，越来越牢固了。

等到陈衡哲年龄大了一点，舅舅反复叮嘱她：

"你是一个有志气的女孩子，你应该努力去学西洋的独立女子！"

"我怎样跟她们学呢？"陈衡哲一颗激动的心简直要跑到嗓子眼了，她热泪盈眶。

"进学校啊！在广东省城里有一个女医学校，你愿意跟我去学医么？"

陈衡哲后来来到广东，寻找进入女医学校就读的机会，跟三舅庄蕴宽这样积极、热烈的思想启蒙，不无关系。

舅舅讲着讲着,就会对陈衡哲说:

"一个有志气的女子,既不要哭哭啼啼地怨命,也不要不思进取地安命,而要积极大胆地造命!"

女子的命可以自己造么?我怎么自己造命?

从舅父讲出这段"造命"论开始,陈衡哲在惊诧中,思考起自己的人生,并开始为造自己的命,争取一切可行的机会。

陈衡哲 1935 年书写的以自己为蓝本的英文传记,开篇即以《扬子江与大运河》,表明自己对造命之说的理解。

扬子江对大运河说:

"我穿透了石壁,我荡平了山崖,我一路征服着来到这里。"

"你不理解生命的意义。你的生命是他人造的,所以他人也可以毁灭它。但没有人能毁灭我的生命。"

陈衡哲通过这篇寓言,告诉所有的读者,一个试图把握自己人生的人,应该像扬子江一样,一路征服着,为自己造出一个别人毁灭不了的人生。

四、千里求学

  像天空中的鸟一样自由，像水中的鱼一样自由，像无边无际的天空和水面一样自由。

——《陈衡哲早年自传》①

  1903年，13岁的陈衡哲迎来了人生第一个关口。每次我想到她们家这一年的奔波与动荡，我都会对陈衡哲的母亲——画家庄曜孚，充满了深深的敬意。陈衡哲能够在以后的岁月中，渐渐崭露头角，真正实现自己的造命人生，与这样一位智慧、开明、能干的母亲，不无关系。

  这一年，陈衡哲家发生了几件大事。一是父亲去四川为官。二是外祖母一家决定搬去湖北武昌。三是她的大姐陈鸿结婚。这几桩大事勾连在一起，让陈衡哲面临一个两难的选择。陈衡哲家几年前把祖屋租赁出去后，就一直跟外祖母家住在一起。外祖母既然举家迁移，父亲也去了四川，母亲决定将家搬到父亲所在的四川。陈衡哲是随父母迁居四川，还是像三舅曾经要求的那样，去广州寻求上学的机会呢？

  小小年纪的陈衡哲，对四川和广州进行了简单的对比。四川地处偏僻，经济文化落后，父母举家西迁，不知何日方归。如果去了四川，肯定上不了学。

---

① 《陈衡哲早年自传》，陈衡哲著，冯进译，安徽教育出版社2006年版，第71页。

可以预测的前途是，自己一定会像中国大多数女子一样，被迫早早嫁人，像蝼蚁一样自生自灭。

陈衡哲想起了三舅参加姐姐婚礼后离开武进去往广州时全家给他送行的情景。

陈衡哲对三舅说："请代我给舅母请安！"

"哦，你不是要去广州亲自给她请安吗？"三舅说完又转身问庄曜孚："我说得对吗？"

在庄曜孚看来，女儿才13岁，离开父母去往千里迢迢的广州，只能当成一句戏言。因此她未置可否。

庄曜孚接着又问外甥女："我说得对不对？"

"对！"陈衡哲激动地说。

"你可不能反悔，小姑娘。你知道君子决不食言。"

陈衡哲觉得，跟舅舅说话，就是跟一个有知识的君子说话，在跟舅舅对话时，她觉得自己也成了一个大人，成了一个有德行的君子。君子一言既出、驷马难追！她含着眼泪庄严发誓，自己决不食言。

三舅走后，陈衡哲经常沉浸在去广州上学的梦幻中，她一次次地问母亲，是否真的让她去三舅家，而不是去四川。庄曜孚出于各种各样的考虑，总是委婉地对女儿说：

"你这么有志气当然好，可你还太小。我们以后再说吧！"

面对母亲软钉子一样的拒绝，陈衡哲苦苦哀求：

"你不是说我一向独立自主的吗？要是我不守信用，三舅不会看不起我吗？"

从母亲庄曜孚的角度考虑，陈衡哲独自离家去往千里之外的广州上学，是让人极不放心的。从丈夫陈韬的角度考虑，将女孩子孤身一人留在外地的亲戚家里，说什么也不太合理。那样的年代，那时的习俗，注定庄曜孚不会轻易答应陈衡哲的要求。陈衡哲年龄虽小，对母亲的忧虑，也是心知肚明。她所能做的，就是向母亲反反复复地哭泣，死心塌地地恳求。去广州上学的意愿，时时在心，坚如磐石。母亲即便铁石心肠，也在陈衡哲一次次的恳求下，松了口风。

这一年的冬天，姐姐陈鸿结婚，姐夫在广州教书，姐姐结婚后将随丈夫远赴广州。陈衡哲在经历了家里第一桩重大的喜事之后，接着就面临人生重大的选择。禁不住陈衡哲一次次软磨硬泡，也出于为女儿的前途计，爱女心切的庄曜孚没有跟远在四川的丈夫陈韬商量，决定放下自己的万千不舍，同意陈衡哲跟着陈鸿夫妇去往广州，投靠远在广州的三舅庄蕴宽。

民国初期的广州

离别的日子来了，陈衡哲看着母亲和外祖母，两代小脚女人，进进出出，指挥若定，吩咐佣人们将家里重要的衣物细软，捆捆扎扎，运上了车，运上了船。家里的祖屋也被母亲以长期租赁的方式租给了他人。陈衡哲看着自己在里面出生、成长、笑语盈盈过的老屋及外祖家的院子与木石，热泪盈眶。她在心里，和这片带给她快乐、见证她成长的水土，做默默的告别。事实证明，陈衡哲从离开这个家门起，再也没有回到过武进的老屋子。这方培养了她多愁善感、一意孤行、执着坚定性格的土地，以后只在她的梦中、她的作品中出现过。

离别是伤感的，前行也带给陈衡哲无穷的希望。她收起略显伤感的心，和外祖母一家，还有母亲她们，登上了开往上海的内陆蒸汽船。船上的号声响起，陈衡哲看到自己生活过的村庄越来越远，越来越小，等到小得看不见时，她终于回过头来，将眼光落到碧波无垠的长河之上，这条不知名的大河，将把所有家人带到上海，然后从上海，大家兵分两路，或去往广州，或去往武昌。

在陈衡哲的眼里，前方的路，依稀，迷茫，一无所知，也许一帆风顺，也许惊涛骇浪。这样的旅程，充满了兴奋、冒险，它色彩斑斓，又似乎前途无量。

到了上海之后，陈衡哲将彻底与母亲她们告别。分别的前一晚，陈衡哲心情复杂，说不上是高兴还是悲伤。她和姐姐、姐夫来到母亲的蒸汽船上。这艘蒸汽船将把外祖母一家和母亲她们带往武昌，外祖母一家的终点站是武昌，而母亲她们还要从武昌继续上行，到成都与父亲会合。现在，陈衡哲就要在这艘从上海出发的蒸汽船上，与母亲作最后的告别。姐姐陈鸿虽已嫁做人妇，但毕竟也才16岁，此番跟着比自己大14岁的丈夫去往广州，可谓前途未卜。她胆子比陈衡哲小，一直像个大家小姐，这是她初次离开母亲，而母亲还将去一个自己从没有去过的地方。此番离开，家园不再，母亲更将去往千里之外，不知何日才能够相见，想及至此，陈鸿悲从中来，泪雨滂沱。

庄曜孚抱着这个大女儿，心里也说不出地酸楚，女大不中留，现在这个女儿已经拜别陈家家祠，不再算是陈家的人了。俗话说，嫁出去的女儿泼出去的水，父母能够为一个女儿所做的，就是为她找个好婆家。好在30岁的方德公姑爷是丈夫陈韬的朋友，现在广州教书，由他来照顾好自己的女儿应该是没问题的。她更不放心的，实际是二女儿陈衡哲。她安慰过大女儿，又来看顾二女儿。她对陈衡哲说：

"你姐姐还有姐夫照顾，可是阿华，谁来照顾你呢？"

母亲的担忧感染了陈衡哲，陈衡哲想及以后与母亲隔着千山万水，自己有什么事情再也不能去找她，眼泪像小河一样滚滚而来。

庄曜孚泪如雨下，她一边擦去陈衡哲的眼泪，一边对二女儿说：

"孩子，勇敢点！你不是一直要为陈家光耀门楣吗？"

想了想，庄曜孚又对陈衡哲说：

民国时期上海街景

"要是你现在改变主意，还想跟着我们一起去父亲那儿，你明天早上可以跟我们一起出发。我同意你去广州不过是因为我不想自私自利，让你失去一个实现理想的机会。"

母亲的决断与宽容书写了一个1903年的传奇。13岁的陈衡哲明白，母亲给自己的，是一条可进可退的路，一条自由探索的路。不管怎么悲痛欲绝，她还是选择了前行。

当庄曜孚到了武汉，打电报把这一切告诉陈衡哲的父亲陈韬之后，陈韬勃然大怒，发电报只说了一句话：

"马上把她带回来！"

要不是父亲鞭长莫及，母亲又左右周旋，很难想象陈衡哲的人生会有怎样的改变？

……

与母亲告别之后，陈衡哲和姐姐、姐夫回到上海的客栈，准备转乘蒸汽船去往广州。在客栈里，本来泪流满面的大姐，在姐夫的百般安慰之下，破涕为笑，很快又开始快乐地吃饭、玩耍起来。陈衡哲看到姐姐、姐夫其乐融融的样子，突然意识到，他们是一家人，自己其实已经是个外人了。这种突涌而起的孤独像山一样压过来，她知道，从今往后，所有的路，只能自己走！所有的痛，都得自己扛！再也不能像在母亲身边那样，我行我素、肆无忌惮了。第二天一早，他们一起坐上了由上海开往广州的蒸汽船。

13岁的陈衡哲站在这艘巨大的蒸汽船上，遥望烟波浩渺的大海。海天相接之处，苍苍茫茫，那未知而又神奇的云朵，像无数挥舞的巨手，召唤着呼吸着海风的陈衡哲。立于海天之间，航行于碧波之上，陈衡哲感到自己像天空中的鸟一样自由，像水中的鱼一样自由，像无边无际的天空和水面一样自由。从温暖的家园中迈出，尽管有小小的扯痛，但自由的时光，还有自由的世界，像魔法师一样，给了她无穷无尽的力量。

经历了1000多公里在万顷碧波上的航行之后，陈衡哲带着许多彩色的梦幻来到广州。

毫无疑问，三舅的家庭是温馨的，三舅和三舅母给了陈衡哲无微不至的爱。陈衡哲在三舅家里，不再把自己当成一个孩子，舅舅、舅母给她的尊重，是一

民国女学生

个大人般的尊重，她所能学的，首先是做一个小大人。

陈衡哲来广州的目的只有一个，那就是上学！

但了解学校情况的舅舅、舅母都明白，广州招收女子的学校有一定的年龄限制。按照舅舅的想法，陈衡哲需要增加国文基础知识，需要听懂广东方言。当时广州招收女生的学校只有一家女子医学院，而事实上，陈衡哲并不喜欢学医。

在上学这个问题上，陈衡哲反反复复地提，舅舅、舅母无奈，只好把她带到医学院，期望她能够在那里注册上学。

接待陈衡哲她们的是一位苏小姐，她用方言问陈衡哲会不会讲广东话。陈衡哲听懂了，热切地回答说："不会说，可我学起来很快！"

苏小姐笑了，她很明白这个小姑娘的用意。她把陈衡哲从头打量到脚，又从脚打量到头，摇摇头，喃喃自语："太小了！"

陈衡哲不服气："我过年就15岁了！"

这所医学院的入学年龄是18岁，即使破例录进来，也要等上好几年才能成为医学院的正式学生。

回到舅舅家，舅母把情况告诉舅舅，舅舅开怀大笑，笑够了问陈衡哲："怎么样？小大人，现在还是呆在家里做我的学生吧？"

陈衡哲却不以为然："不见得非要上这个学校，我反正不喜欢学医，您不能把我送到上海吗？那里可有新式的女子学校呢？"

舅舅大吃一惊："把你一个人丢到上海？没有任何人照顾你？你父母会怎么想我？不行！"

这也不行，那也不行，陈衡哲的泪都急了出来。

舅舅看到求学心切的外甥女哭了，赶紧安慰："你在这里再呆一年，我们再想办法给你找合适的学校。我可以教你国文，再请其他先生教其他功课，时间不会浪费的！"

舅舅说到做到，很快买来了《国民读本》与《普通新知识》，亲自给陈衡哲上课。新年之后，庄蕴宽到广东西南部的廉州统领新军。全家搬到廉州以后，不管公务多么繁忙，庄蕴宽都会在每天下午骑马回家，教陈衡哲一课书，教完之后，又急匆匆骑马而去。与此同时，庄蕴宽还请了个杭州学者，教陈衡哲算术，陈衡哲四个星期就学会了一般男子学校几个月该学的课程。

《普通新知识》

一年很快过去了，到了约定的可以上学的时间，舅舅却只字未提。陈衡哲等了一个月又一个月，终于等不及地说：

"难道我要在这里呆一辈子，永远不能上学吗？"

这句话听来不够礼貌，但却表达了陈衡哲坚决要上学的决心！舅舅虽然有点不高兴，但还是想方设法，为陈衡哲寻找上学的机会。

广东的医学院上不了，只有去上海！不管怎么说，上海是当时新式学校最多的地方。上海爱国女校的校长蔡元培是庄蕴宽的好友。于是，庄蕴宽给蔡元培写了一封介绍信，介绍自己的外甥女去爱国女校上学。

临行之前，庄蕴宽把陈衡哲叫到身边，语重心长地说："阿华，你喜欢读书，求上进，这是个优点。但你也有两

蔡元培

个缺点，一是没有耐心，二是爱哭。舅舅希望下次见你的时候，你能把这两个缺点改掉。不要动不动就哭哭啼啼的，在舅舅看来，只有无用之人才在走投无路时去哭。你跟平凡的女孩子不一样，要有自制力。我愿下次见到你，你会变得更冷静、更成熟，你是个能'造命'的女孩，知道吗？"

"我一定记住舅舅的话！不管遇到什么困难，自己想办法。哭，也解决不了问题啊！"

"这才对嘛！"庄蕴宽笑了。

1904年冬，陈衡哲随着回上海省亲的舅母来到了上海。

她们来到上海爱国女校门口，看到挂着爱国女校牌子的校门口空无一人。陈衡哲等来等去，终于等来一个在附近拉人力车的车夫，陈衡哲赶紧上前去问他这学校是怎么回事？

"学校放假了啊！要上学，等到明年春天再来吧！"车夫说完，拉着车走了。

陈衡哲又一次来到校门前，扶着铁栅栏向里张望，怅然若失。良久，舅母和她才无奈地离去。

民国时期上海街景

爱国女校一时不了，自己的家也远在遥远的四川。陈衡哲只能呆在上海，呆在客栈里，等到春季开学再说。

在等待上学的那些日子里，陈衡哲像一个天涯孤客一般。她买来了两本书，其中一本是《穷学生》，它描写了一个贫苦无依的穷学生，如何在缺衣少食的情况下，克服了常人难以想象的困难，争取到向往已久的教育，成为了伟大的学者。读完这本书后，感同身受的陈衡哲在书面上写下了这么几个字："属于另一个穷学生！"

呆在上海的那段时间，陈衡哲远离亲朋好友，独居客栈，颇有书剑飘零之感。这对于一个十四五岁的女孩子来讲，无疑也是人生的历练。居住客栈期间，她曾经倾囊而出，把身上的盘缠借给另一房客刘太太，借出之后，陈衡哲胆战心惊，要是刘太太不还的话，她肯定要流落街头了。幸好一个星期之后，刘太太把钱还给了她。

一天，陈衡哲正顺着客栈的楼梯往上走，忽听有人一声一声地叫着"阿华"，让她大吃一惊，她的乳名就是阿华，这可是只有至亲才会知道的呀！她慌忙地跑回房间，没想到那个一声声地叫着"阿华"的男子紧紧跟了过来！

细看之后，才知是父亲的三哥。陈衡哲的这位三伯，名陈范，是中国早期杰出的报人。他看到陈衡哲一个人住在客栈，既疑惑又生气："快告诉我你怎么在上海？把你一个人丢在这样的客栈里流浪，你的父母亲真该打！"

陈衡哲赶紧告诉三伯，自己是在这儿等着上爱国女校。

出于安全考虑，三伯将陈衡哲安

陈范

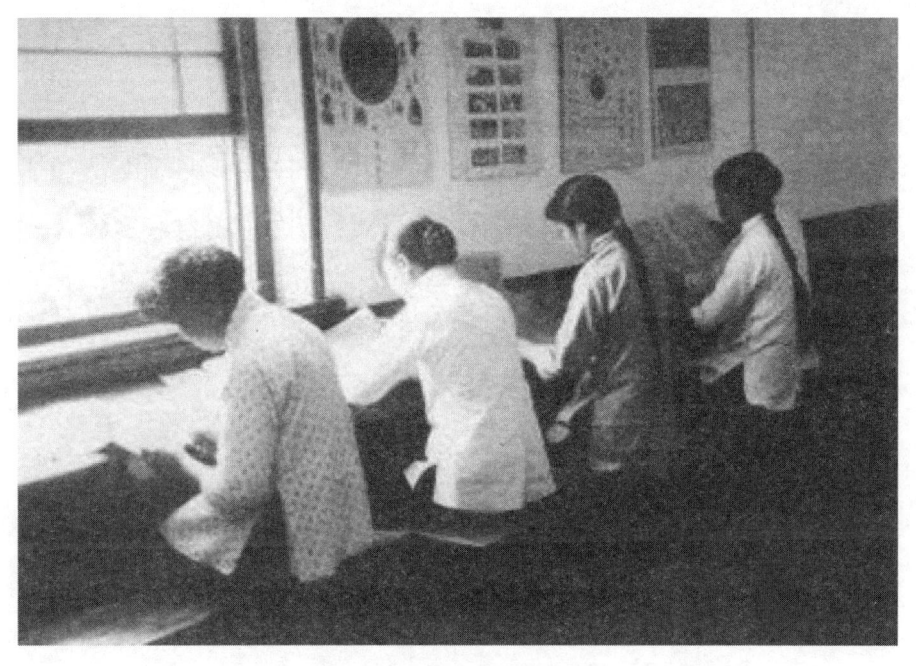

民国早期女性知识分子的照片

排到他的一个亲属家里。这个亲属家里的魏表哥,应为江南制造局总办魏允恭,① 通过这位做了大官的魏表哥的介绍,陈衡哲进了上海的女子中西医学堂就读。

从爱国女校转到女子中西医学堂,完全是一系列巧合造成的,这个中西医学堂的创办者 X 先生既是魏表哥的朋友,也是三舅庄蕴宽的朋友。陈衡哲在和 X 先生短暂的交谈中,为 X 先生高尚的办校宗旨所打动,更对他和蔼可亲的谦谦君子风范产生了很好的印象。种种外力的影响,使陈衡哲很快忘了那个虚幻抽象的爱国女校,懵懵懂懂地进入了这所新办的女医学堂。

从 1905 年春到 1907 年冬,陈衡哲在上海女子中西医学堂,度过了第一次孤身在外的求学时光。三年的上海学堂生活并没有给陈衡哲留下什么美好的记忆。也许是一个人已经在外闯荡过了的原因,陈衡哲开始对很多事情有了自己

---

① 史建国:《关于陈衡哲的几点史料辨正》,《民国档案》2010 年第 2 期。

民国时期上海街景

的看法。

陈衡哲首先看不惯的就是 X 先生的女儿。思想新潮的 X 先生创立了这所医学院，目标是以中西医结合的教学方式，来培养素养优良的女医生，从而为减轻中国妇女身体的病痛出一份力。但 X 先生的这个女儿，每天由一个年轻的阿姨陪着上学，单独住在一间宽敞华丽的房间，生活上有贴身女佣照顾，吃饭也不跟在餐厅用餐的学生一起，而是有单独的伙食。在陈衡哲眼里，这个 X 先生的女儿庸俗虚荣，炫耀财富，跟自己根本不是一条道上的朋友。本来 X 先生还希望她俩成为好朋友，但道不同，不相为谋，她们终究还是各走各的路了。

陈衡哲第二不满的，是当时教她们的 Z 小姐。按照陈衡哲自己的话说，"她高兴的时候，我是神童，她生气的时候，我是班上的害群之马。"好恶极端的 Z 小姐给陈衡哲留下的坏印象，使得她对医学深恶痛绝。Z 小姐是当时这家学堂的西医教师，毕业于广州女子医学院。她除了上课，还开业行医，服务的对象自然是以妇女为主，出诊的原因常常是因为难产。Z 小姐出诊时，要求所有学生跟她一起参加医疗实践。陈衡哲因为自己是班上最小的，提出推迟一年参加，被拒绝了。这样，在病人危急的情况下，不管是在深夜，还是凌晨，一有紧急病人，Z小姐就带着6个女学生同时出诊。这样的出诊状态，给陈衡哲留下了极其恶心的印象。因为那时西医刚刚开始，民间生育还以自然

民国版语法书《初级中学北新英文法》

生产为主，当病人家属同意请西医妇科医生时，往往是病人已经生命垂危的时候。在这样的状态下，取出来的婴儿不是死了就是被切成几块，以挽救产妇的生命。极端的时候，由于父母的某种疾病，孩子不是畸形，就是腐烂成青紫色。病人的声嘶力竭，或是全身血污，让陈衡哲也备受煎熬。本来就不喜欢学医的陈衡哲，面对种种极端的生育状况，痛下决心，以后不管学什么做什么，一定要跟医学无关。这也难怪，一个十五岁的少女，心头汹涌着一腔改变命运的热血，却经常面对这生死两极的病例，其心理上承受的沉重压力是可想而知了。

唯一让陈衡哲感到有价值的学习，是Y小姐的英语教学，这个刚从美国学成归国的年轻小姐，以深入浅出的教学方法，教完了《博德温读本》的八册书和《英语语法》的四本书。正是在这所学校奠定下来的英语基础，使得将来陈衡哲参加赴美留学考试成为可能。

陈衡哲在上海女子中西医学堂的学习经历也告诉我们这样一个道理：学文还是学医，跟不同的个体、个体不同的兴趣密切相关。生于文艺之家的陈衡哲，其家庭的早期教育，也期望她成为一个儒医，并让她在13岁之前，学完了8大册《黄帝内经》。在中西医学堂学习期间，她是班级唯一一个完整背诵过《黄帝

内经》的人——连她的老师 X 先生都没有背诵过。Z 小姐被当时的人们誉为"广东的梁启超",是一个在上海名噪一时的女界伟人。Z 小姐对学生的教育不可谓不严格,其教学方法自然也有可取之处。但这样的教学方法对刚刚走入校门的陈衡哲来说,却是一件痛苦的事!受过中西医教育的陈衡哲,后来终未成为一个良医。

陈衡哲在上海女子中西医学堂学习的痛苦经历,让她对自己未来的人生充满了疑问。她那么想,进入新式学堂,可进去之后,却发现自己不过是中国新式教育的试验品!现在怎么办?回到四川的家里吗?那为什么要冒犯父亲的权威而到广州呢?去广州吗?自己不是不愿意呆在舅舅家要出来的吗?离开这所学校转学吗?谁能帮她办理手续或是继续提供经济资助呢?

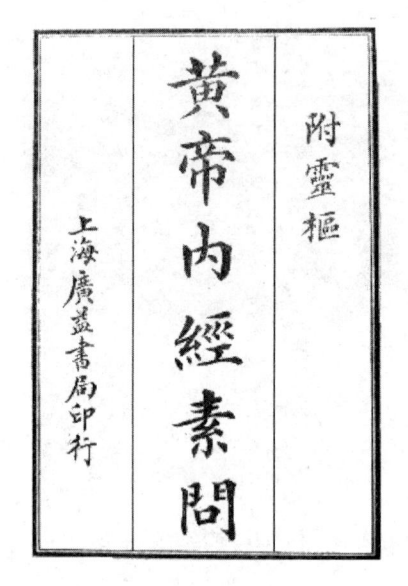

民国版《黄帝内经素问》

1907 年冬,父亲突然接二连三地发电报,命令她立即回到成都的家。在最后一封电报里,父亲威胁说,如果再不回家,将立即停止经济资助。父命难违,已经离家 4 年的陈衡哲只好打点行李,登上了去往汉口的蒸汽机船。4 年前,自己曾经意气风发,豪情满怀,如今的自己,学无所成。归家之后,自己将会有什么样的命运呢?

五、违抗父命

> 我很快意识到我整个未来的人生，都将由我的回答决定，所以我坚决地说："父亲，我不想结婚！"
> ——《陈衡哲早年自传》①

父亲，在中国传统社会里，就是一家之主，他在整个家庭中具有绝对的权威。如果说，第一次陈衡哲在母亲的护佑和三舅的支持下，得以侥幸远行的话，那么这一次父亲以经济相威胁，她就别无选择了。既然不想饿死在大上海，只好踏上千里迢迢的旅程。

从上海到成都，全程水路加上陆路大约四千多里，中间要经过著名的、也极为危险的三峡。漫长的路程，对于一个17岁的孤身少女来说，自然危机重重。在路途中，陈衡哲遭遇过三舅派来的江苏仆人的无理刁难，在航行于巫峡的船上还遭遇了船家的偷窃。面对仆人的故意刁难，陈衡哲不动声色，事后写了一封信，让三舅解雇了他。面对船家的偷窃，陈衡哲以自己官家小姐的身份，意欲对走私的船家进行报官，吓得船家再也不敢招惹她。这样风餐露宿，从上海出发到回到父母在成都的家，陈衡哲整整走了57天。

---

① 《陈衡哲早年自传》，陈衡哲著，冯进译，安徽教育出版社2006年版，第125页。

四川风景

　　20世纪初的四川，和江苏、上海、广州相比，无论在地容地貌方面，还是在经济、文化、新思潮方面，确实有很大的不同。当陈衡哲第一次踏上四川的土地，在山间小路上上下颠簸的时候，她不断地被山间美景所打动。在此之前，陈衡哲一直生活在平原，没有真正地在山里行走过。平原一览无遗、一望无际，既有它的平淡，也有它的悠远。大山巍峨耸立，高不可攀。山与山之间，溪流清冽，峡谷幽深。陈衡哲仰望高山，俯视峡谷，一会儿叹为观止，一会儿胆战心惊。静穆了几千年的大山，此起彼伏，随势赋形。山林郁郁葱葱，幽静逼人。行走在山间的羊肠小道上，陈衡哲经常听到不知名大鸟的叫声，真是一幅鸟鸣山更幽的山景。更让人感到惊心动魄的是，有时轿夫就在悬崖边的小道上行走，小道上积雪融融，冬雨不断，道路泥泞而易滑，陈衡哲深怕一不小心，自己会连人带轿，掉下万丈深渊。美丽的风景背后，隐藏着不为人知的凶险，陈衡哲反复提醒自己及仆人，一定要倍加小心。虽然仆人在年龄、力气方面比陈衡哲大很多，但在见多识广的大小姐面前，他们心悦诚服。

在山间旅行的日子里，陈衡哲经常会在路边小饭馆吃饭。每次陈衡哲一进店，就变成了大家围观的对象，那些久居深山的女人和孩子们，看到一个与当地女子不一样的女孩，惊异无比。她们看陈衡哲的大脚，看陈衡哲不带耳环的耳朵，看那张不擦粉的脸，还有不加装饰的衣服，胆大的孩子会走过来碰碰她的手，摸摸她的衣服。孩子们称陈衡哲为"外国女孩"，或是"下江来的女学生"。

陈衡哲带着观赏和被观赏的状态，走进了四川的家门。最初父亲和母亲一样，对女儿的回归万分高兴，他称赞自己的女儿胆大心细、头脑灵活。在四川的新家里，陈衡哲见到了母亲又生的两个孩子。大姐陈鸿出嫁之后，陈衡哲就是家里最大的女孩。

开始的几天，陈衡哲每天都给父母还有弟妹们讲述自己在外这四年的经历，她的忧虑、苦恼，她的旅途、学业，她见到的奇人，她碰到的异事。更主要的，她给父母讲述了自己在大海中的航行，在长江中如何面对惊涛骇浪，怎么跟无理的仆人不动声色，怎么应付偷窃她东西的船家，多少千难万险，她经历过了，现在一点也不怕了！家里的弟妹还有仆人们，对陈衡哲一个人在外面闯荡，感到惊讶万分！陈衡哲的父母亲也深为自己有这样能干的女儿而自豪。

其乐融融的天伦之乐，让漂泊4年的陈衡哲倍感温暖。可是好景不长，这样的温馨并没能维持太久，她很快知道了父亲命她回家的真正原因。

父亲让她回来嫁人！

1907年前后的中国，是晚清朝廷垂死挣扎的最后几年。尽管京城内外、通商口岸西学潮流暗涌，革命势力如火如荼，但是身处内地的四川还是波澜不惊，古老的婚姻传统，根深蒂固。相比而言，陈衡哲的父母已经非常开明，但这样的开明毕竟还是有限度的。清代法律规定："子妇无私货，无私蓄，无私器。""妇人夫亡……夫家财产及原妆奁并听前夫之家为主。"在那样的时代，即使成家、有妆奁的妇女都没有经济权，更何况没有完全成年的女子呢？在一个没有经济权，也谈不上教育权、工作权的晚清社会，女子最好的出路，依然是嫁人。陈衡哲能够在那样的时代，终得父母同意，领风气之先，进女子学堂，已属难能可贵。但不管怎样，女子嫁人，还是最好的出路，而嫁人的资本，不是才学，而是青春。为人父母者，为女儿寻得一个理想的归属，可谓义不容辞的责任。

俗话说，"父母之命，媒妁之言"，自古以来，天经地义。陈衡哲父母的婚姻如此，大姐陈鸿的婚姻如此，陈衡哲凭什么能够例外呢？

陈衡哲的父亲陈韬是四川地方的一个县官，久居官场，认识了一个高官家庭的青年，他品学兼优，相貌堂堂，陈韬觉得他与自己的女儿门当户对，如能联姻，可谓珠联璧合。约好之后，陈韬准备想办法与女儿说，但这时的陈衡哲还在上海。4年前，正因为自己不在女儿身边，她才得以像小泥鳅一样滑出了自己管辖的范围，一个人去了广州，后来又从广州去了上海。

这一次，陈韬像所有足智多谋的军师一样，知道自己若直接告诉陈衡哲，让她回来结婚，依照女儿的脾气，一定不会回来。于是他略施小技，只让她回家，不告诉她所为何事。他这样做，一方面是尊重陈衡哲的意见，给她考虑的空间，另一方面也是施加压力，希望女儿在青春年少时早早嫁人。尽管陈韬也明白，陈衡哲胆识过人，心气甚高，但社会到底能给女儿多少实现理想的空间，女儿到底能拥有什么样的生活，他还是没有把握的。作为一样深谙中国传统、也密切关注现实的在职官员，我以为，作为父亲的陈韬，做这样的安排是可以理解的。

嫁人的话题终于在新年之后的一天早上，被正儿八经地提出来了。陈韬告诉女儿，他看中了一个年轻人，条件很不错，不过自己不想做个保守的父亲，他想听听女儿的意见。

陈衡哲开始很惊讶。在外行走多年的她很快意识到这是一个举足轻重的重要时刻，自己未来的人生，就取决于她下一刻的回答里。

知道父亲会生气，但她不想作出违心的回答，她迎着父亲的眼睛，告诉面前的父母：

"我不想结婚。"

父亲憋着一口气,问:"难道你永远不结婚?我可不希望我的女儿,像街头的下贱女人一样,自己选丈夫!"

陈衡哲再次强调:"我永远不结婚!"

这句话很有杀伤力,按照通常的逻辑,陈衡哲可以说,我还小,或者说对方不是自己喜欢的类型。但陈衡哲不想给父亲留下任何余地,她坚定得就像斩草除根的农人一样,没有给父亲留下任何可以回旋的空间。陈衡哲不想结婚,甚至对父亲嘴里的年轻人连认识的欲望都没有。这主要是因为,陈衡哲还想为自己寻找实现理想的机会。另一方面,陈衡哲在医疗实践期间看到了太多不幸的产妇,种种不正常的生育场景让她觉得婚姻很可怕,生育很可怕。

陈衡哲的回答让已经耐了一百二十分性子的陈韬勃然大怒。他正要拍桌子责骂女儿,一旁的庄曜孚像一个及时打开的灭火器一样,委婉而又巧妙地劝慰丈夫:

"她刚刚经历危险劳累的旅行回家,要是她死在激流里怎么办?先别逼她!日子长着呢!我们慢慢再说!"

慈母的及时雨,像一颗颗看不到力量的小珠子,落到了陈韬的软肋上。好歹女儿刚刚经过千难万险回到了家,刚回家不久就向她提出这样的问题,确实可能急躁了些。本来还要跟陈衡哲理论一番的陈韬压下冲天怒气,一言不发,甩手而去。

民国时期的老照片

晚上，母女静静地深谈。

庄曜孚耐心地告诉陈衡哲："你也知道，我们从来不逼自己的孩子非要做什么，但我希望你也能够通情达理。也许你要说我的想法太老土，但我确实认为，一个女孩子不管多么聪明能干，多么志向高远，她的正常生活，还是走进婚姻，如果你愿意结婚，我觉得你父亲的安排，肯定是最好、最明智的做法！"

庄曜孚所讲的这番话合情合理，拳拳之心，溢于言表。

陈衡哲也将自己的想法如实向母亲说明。自己还想保持自由身，以在中国的知识界有所发展，而一个已婚女子，实在没有多少自由。后来，陈衡哲对恋爱和婚姻问题进行反复思考，说出了这样一番话：在普通女人的生命中，结婚虽不必定是恋爱的坟墓，但却没有不成为学问或事业的坟墓的。

作为一个各方面正常的女孩子，陈衡哲当然也向往爱情。但她当时的爱情观无疑和时代要求的婚姻方式相距甚远。依照当时的习俗，她应该和一个由父母择定的、她从不认识的男子结婚。和一个陌生人结婚，是陈衡哲难以忍受的事。但如果由自己选择认识的男子，自己就成了当时人们嘴里的下贱女人，她在心理上害怕所有人对她的鄙视，别人的鄙视绝对会让她自轻自贱。

这种既要反抗又担心反抗之后被所有人鄙视的矛盾心情，正如陈衡哲后来自我反省时所说，"年轻人虽然拥有渴望爱情与自由的心灵，他们也可能在知识方面解放自己，但在内心深处，他们害怕甚至羞于选择背叛传统的道路。"[①]

既然结婚不能如己所愿，陈衡哲所能抱住的唯一一根救命稻草就是不婚，理由就是自己还要学习，还要寻求新的道路。

母亲很伤心，她无法想象女儿终身孤零零的。

"那你下半辈子干什么？你说过你又不想学医！"

"我想学除了医学之外的科目，我想通过其他科目，了解外国的真正情况！"

---

① 《陈衡哲早年自传》，陈衡哲著，冯进译，安徽教育出版社2006年版，第126、127页。

这是当时陈衡哲真实的想法。但是，中国第一所国立女子大学1917年才成立，国立北京大学1920年才开始招收女生。在1908年的这个早春，陈衡哲能够开辟的道路在哪里呢？

一场没有最终答案的谈话到此结束。

第二天早上，同样的早餐时间，父亲旧话重提，陈衡哲还是固执地抵抗，双方闹得不欢而散。

第三天早上，旧话第三次提出，陈韬发现任何劝告、任何威胁都无济于事，陈衡哲像一块铁板，不留任何缝隙。忍无可忍的陈韬终于像火山一样爆发了：

"滚出去，这个家不会再让你呆一分钟！你就是回上海，我也不会给你一分钱！"

如果说陈韬对自己的女儿是极度失望，那么陈衡哲对自己的前途更是万分绝望了。她光知道不结婚，但并未找到自己的出路。父亲提出婚事以来，她日日夜夜，辗转反侧，不知道自己的道路该往哪里走？父亲的大发雷霆让她一下子失去控制，她晕倒了……

我能体会到在1908年这个春寒料峭的日子里18岁女孩陈衡哲的无奈，还有那个爱女心切的父亲的无望！可以推测的是，即使是21世纪的今天，人们的思想多元又新潮，但如果一个女孩敢于告诉自己的父母自己愿意选择终身不婚的道路，没有一个父亲会无动于衷的！

我们当然知道以后的陈衡哲学业和事业都很成功，爱情和婚姻都很幸福，但那毕竟是十几年以后的事了。此时此刻的陈衡哲，还在茫茫黑暗中，磕磕碰碰，探寻自己的路。一个在思想上和行动上能够成为时代先驱的人，其实是经过一次又一次的凤凰涅槃的！

不知过了多久，"死而复生"的陈衡哲醒来了，母亲本来以为这个二女儿会夭折于人世！看来她前几天对丈夫的提醒以及现在陈衡哲昏迷不醒的病况，终于使陈韬意识到，让陈衡哲勉为其难，只会导致一个不堪设想的结局！

说到底，陈衡哲有一个好母亲，也有一个好父亲。当我检阅20世纪初众多杰出女性的早期家庭生活时，我发现，像陈衡哲这样，有这样开明父母的家庭，真是凤毛麟角。

一个反证就是萧红。萧红生于 1911 年，比陈衡哲小整整 21 岁。萧红求学逃婚的时候，已是"五四"运动之后的民国时期，新思想、新思潮的状貌，已经与陈衡哲抗婚的 1908 年不可同日而语。因为陈衡哲反抗时，慈禧太后和光绪皇帝还健在，晚清政权还在。但同样是求学并抗婚的经历，萧红的父亲张廷举却认为女儿"大逆不道""伤风败俗"，他开除了萧红的族籍，并宣布与萧红永远断绝父女关系。萧红在外流落多年，终身漂泊，贫困不堪，遇到萧军后两人初期甜蜜，后来却矛盾重重。31 岁的萧红病逝于香港之时，口不能言，在纸上写："半生尽遭白眼冷遇……身先死，不甘，不甘！"

不甘于命运安排的女子，从前有，现在有，将来也会有。陈衡哲的幸运，在于有一个善解人意、也从不强人所难的艺术家母亲，她的母亲巧妙地调停着倔强的女儿和耿直的丈夫之间紧张的关系，在母亲的协调下，陈韬改变了自己的家长制作风。

陈衡哲从昏迷中醒来，母亲告诉她，父亲既伤心，又后悔，他不会再提让她结婚的事了，如果女儿愿意，会让她在家呆上一辈子！

父母的宽容让陈衡哲泪流满面，她在感恩的同时也在追问自己："我该去哪儿寻找出路呢？我怎样才能实现我的梦想呢？"

在没有摸索到新的道路前，陈衡哲只能呆在父母的家里。说实在的，父亲为官一方，她作为官家小姐，嫁给一个

萧 红

门当户对的年轻人,做一个名正言顺的少奶奶,在当时的人们看来,绝对是一种不错的人生选择!但这样一帆风顺、随时俯仰的人生道路,被陈衡哲坚定地舍弃了!

好在,呆在父母的身边,衣食无忧。天伦之乐暂时消散了她的忧愁,父亲甚至开玩笑说要在他的衙门后面为她建一座尼姑庵。在四川的家里,陈衡哲学会了骑马,学习了古典文学,练习了书法。与家人厮守的时光,平淡,幸福,同时伴随着淡淡的忧伤。

呆了一两年之后,陈衡哲还是没有找到合适的去向,她像曾经在三舅家那样,问自己:

"难道我要在这个家永远待下去吗?"

漫无边际的等待让陈衡哲失去了信心,不管如何,再呆在家里,即便不算死路一条,肯定也是绝无机会。父母知道陈衡哲又要独自离家,伤心不已,但他们也很清楚,强留这个女儿,留住了人,留不住心。在1910年的那个冬天,一个布满阴霾的日子,陈衡哲第4次开启了冬天的旅程。

前面3次的冬天旅行,分别是1903年、1904年、1907年。从13岁到20岁,陈衡哲度过了从少女到青年的成长时光,在这7年当中,她南来北往,东奔西走,寻求着自己可能的道路。如果说,前面3次的长途旅行还是带着出发的期望或是回家的温馨,那么1910年冬天的这次孤身远行,应该是一次真正的、再也没有回头路的单向旅程。

重新回到上海以后,新的道路在哪儿呢?陈衡哲默默地问自己。

六、蓄势待发

> 我从那种进退两难的境地和内心的挣扎中,得到的是更加坚定的人生目标,和对自己实现这些目标的自信。
> ——《陈衡哲早年自传》①

从成都去往上海,一段四千多里的回头路,更是一段重新出发的新路,这一次出发,前方再也没有接应了。在20岁的陈衡哲看来,这一次返回上海,是一次新的、更大的冒险,这样一次直奔前方的旅行,将把她的家庭,在地理上和情感上抛得越来越远!现在,父母的家庭掣肘没有了,人生必经的婚姻掣肘也被她抛在脑后,她抱着终身不婚的信念,去上海寻找新的出路!

孤身上路的长途旅行是寂寞的,但陈衡哲自有解除寂寞的方法。在顺流而下的长途旅行中,陈衡哲放下了一切包袱,让自己的头脑像海绵一样,吸收着一切书本上的东西,还有沿途看到的美景。她逐字逐句读完了百万字的梁启超著作,还有她自幼就喜欢的唐诗宋词。看书看得疲劳的时候,陈衡哲就做各种各样彩色的白日梦。古典文学的熏陶,现代新思维的启发,让人流连忘返的沿途美景,白日梦境中的自由灵魂,让陈衡哲沉浸在想象中的美好世界里,憧憬着新的未来。后来她弃学医科,转攻文史,与她这一次远行中的阅读与沉思不

---

① 《陈衡哲早年自传》,陈衡哲著,冯进译,安徽教育出版社2006年版,第162页。

无关系。

回到茫茫人海的大上海,陈衡哲再一次来到女子中西医学堂,但她感到自己终究不会走医学的路,又何必勉强自己继续留下来呢? 1911年春天,陈衡哲无奈弃学,只身来到苏州常熟姑母家居住。

在《纪念一位老姑母》的文章中,陈衡哲详细记录了她在这位姑母家的生活。从陈衡哲的记录中,我们可以看出,老姑母是一位有着慈母情怀而又忧国忧民的老妇人。

老妇人名陈德懿,是父亲陈韬的大姐,比陈衡哲大40多岁。这个身材高大的老妇人才华横溢,德行高尚。她做诗、读史、写魏碑,既烧得一手好菜,也精通传统的中医。由于姑父早逝,姑母一个人主持着一个人数众多的大家庭。陈衡哲离开上海之后,无处存身,全身投靠这个自幼就很赏识她的老姑母,老姑母给了陈衡哲无微不至的关爱。

有一次,姑母带着杜诗和自己的近作、食盒,与陈衡哲乘一艘小船去游湖看山。她在船上看了一个多小时的杜诗之后,忽然站起来,背着双手,迈出小脚,在小船的舱中踱来踱去,口里念念有词:

安得广厦千万间,大庇天下寒士俱欢颜!

吟诵到这儿,这位60多岁的老太太站住了。她深深地叹了一口气,说:

"阿华,你知道吗?庇护穷困的读书人,一直是我从前的梦想,现在啊,我连自己的儿孙也庇护不了啊!"

原来,陈德懿的儿子娶了个吸鸦片的老婆,这个女人现在把自己的丈夫、自己的孩子都带上了吸鸦片的不归路,现在儿子一家全有鸦片瘾,家里几十年的大宅子,还有一座大观园一样的花园,看样子不久就要卖给别人了!

想及自己的晚年,自己的儿孙,以及自己以后很可能要在某处小屋子里终老此生,老太太不仅感慨有加。

陈衡哲能理解老姑母的心情,她诚恳地说:"但是,姑母,您现在是庇护着我这样一个苦孩子啊!"

听到这样的话,姑母高兴起来,立刻对随侍的佣人说道:"去把菜热一热,拿来我们吃酒吧!我同二小姐,要好好地看看湖光山色呢!"

于是姑母和内侄女两人,吃着,笑着,谈着,把各自的忧愁都忘了。

有一次,陈衡哲害了疟疾,贫病交加的窘况,让陈衡哲对人生有了些许的无望。精通医药的老姑母亲自为她寻医问药,陈衡哲病情有所好转之后,姑母每天在一个小洋炉子上给陈衡哲炖鸡汤,并为她做各种清淡而又滋补的菜肴。

在姑母两个多月精心的照顾下,陈衡哲的疟疾好了,而且她以往郁郁寡欢的心情也随着病体的恢复而明朗起来。得益于相对的清闲,陈衡哲在此期间自学了一些像《尚书》这样的经典,背诵了李白等人的诗歌,靠着字典的帮助,学习了英国文学,翻译了一些英国文学作品给老姑母消遣。可以说,在寻求光明道路的探索过程中,老姑母伴随陈衡哲走过了一段最黑暗、最痛苦的日子。

就在陈衡哲避难一样地呆在姑母家苦苦等待机会、养精蓄锐之时,她身外的世界正在发生着天翻地覆的变化。

这样一个山雨欲来的时代,也在不断地考验着陈衡哲的选择,激起她对社会、对人生新的思考……

在陈衡哲还呆在四川期间的 1908 年,中国晚清朝廷的两个最高统治者,光绪皇帝和慈禧太后,先后辞世。他们离开这个世界的时间间隔只有 10 个时辰,相隔不足 1 天。据现代医学专家检测,光绪皇帝是在慈禧辞世的前一天身中砒霜之毒,毒发身亡。① 中国人民大学清史研究所教授戴逸在其论文《光绪之死》中分析道:"以当时的条件、环境而论,如果没有慈禧太后的主使、授意,谁也不敢、也不能下手杀害光绪。"② 不管这个结论能否经得起推敲,有一点确实毋庸置疑,在权大于法的封建王朝,拥有绝对权力的最高统治者如果不想自我约束,确实可以在某个时刻,在自己主政的特殊时机,为所欲为!江山社稷、黎民百姓,有时只是权力之徒嘴里玩弄的高级词汇。随着两个最高统治者的先后

---

① 张以瑾:《解开光绪之死百年谜团》,《中国教育报》,2008 年 11 月 7 日。
② 戴逸:《光绪之死》,《清史研究》,2008 年第 4 期。

辞世，大清近 300 年的基业被转交到不足 3 岁的末代皇帝溥仪手里。

历史的车轮滚滚向前，末代皇帝溥仪更多地承担了这个时代天崩地裂的悲哀。在他即位之前，晚清政府已经到了生死存亡的关头。由于 1900 年八国联军侵华，晚清政府签订了丧权辱国的辛丑条约，割地赔款，颜面无存，国人生活在水深火热之中。清政府的腐败无能让无数的志士仁人看清了一个现实：愚忠于这个日薄西山的晚清政府，只会国破家亡。出于强国保种、救亡图存的坚定信念，民间革命风潮风起云涌。生存的艰辛，铁一样的现实，使得革命党人在宣扬革命纲领时，很快得到一批开明人士的支持！

像陈衡哲这样也在寻找自我发展道路的年轻人，对新的革命风潮充满无穷的期待和幻想。陈衡哲随三舅生活在广东廉州期间，身为廉州统领的庄蕴宽就曾暗中支持过黄兴等人的革命活动。陈衡哲在评价革命党人时说过，如果革命党的事业都能够赢得舅舅这样一个传统士大夫的同情和支持的话，那么它从学生和士兵那里一定会赢得更多的同情和支持，因为这些人正是革命党宣传针对的目标。

溥仪

陈衡哲虽然避居于常熟姑母家，但这样一个离苏州、上海非常之近的小城，有各种各样的渠道，能够让普通百姓了解到革命风潮中的重要事件。革命让人们津津乐道，革命也让人们热血沸腾。作为一个一无所有、寄居在姑母家的小女子，陈衡哲能够给革命活动的支持是极为有限的。但是在举国皆狂的革命时期，像陈衡哲这样的热血青年，自然也要为革命摩拳擦掌。陈衡哲通过报刊了

成都人民公园的辛亥秋保路死事纪念碑

解到,革命党正在宣传"买债救国"。

原来清政府正在计划从外国借债修筑从汉口到重庆的铁路,大家认为这样的债务会榨干中国人的最后一滴血,于是举国上下自发购买一百块钱一股的铁路公债,以务实地表示自己的爱国主义精神。这个著名的事件就是发自四川、后来又影响甚广的"保路运动"。

陈衡哲一贫如洗,但她仍然坚信,购买公债是她义不容辞的责任。姑母给她吃,给她住,她当然不好意思再跟姑母要一百块来买铁路公债。想到三舅会在上海停留几天,陈衡哲毫不犹豫地坐船去上海,她一到三舅所住旅馆的房间,了解陈衡哲个性的庄蕴宽就猜到了外甥女拜访她的原因。

人情通达的三舅庄蕴宽当然不接受外甥女盲目简单而又轻率贸然的举动,陈衡哲据理力争,但她列出的一条条理由,都被舅舅驳斥得体无完肤。节节败退的陈衡哲看到自己的一腔爱国心在舅舅的理由前不堪一击,一文不值,不禁无助地哭了起来!

一直把陈衡哲看得很高明的三舅不耐烦了,他说:"好了,好了!还是个爱哭的孩子!山穷水尽时只知道哭!你终究还是比一般的女孩子能干、高尚不到哪儿去!"

听到舅舅这样的话,陈衡哲很是吃惊。想及舅舅以前一而再、再而三地跟她讲"安命、怨命和造命"的道理,她不禁羞愧万分!

她赶紧擦擦眼泪,面红耳赤地跟舅舅道歉,辩解自己不是无助而哭,而是因为了解了自己的爱国心被利用了而哭。她向舅舅保证，以后一定改掉这个说哭就哭的坏习惯！疼爱外甥女的舅舅一高兴，奖励了陈衡哲一百块钱！

舅舅离开之后，不死心的陈衡哲还是用这一百块钱购买了铁路公债。当然，最后的事实正如舅舅所推测的，人们节衣缩食购买公债的钱只是填满了以革命为借口大肆搜刮民财的假革命者的腰包！

革命如火如荼，也鱼龙混杂，不过真正动刀动枪、你死我活的革命，顺应着历史的步伐，已经在各地此起彼伏、风起云涌。1911年10月10日，武昌起义爆发，各地纷纷响应！贵州、浙江、江苏、广西先后宣布独立！年底，孙中山从海外归来后立刻去了南京，谒见明朝开国皇帝朱元璋的陵墓，因为朱元璋亦曾驱逐前一个异族王朝：蒙古族当政的元朝。孙中山此举意在告慰天下，满清王朝的统治结束了。1912年1月1日，孙中山宣誓就职中国民国临时大总统。2月12日，在清朝内阁总理大臣袁世凯等大臣的劝说下，宣统帝溥仪的母亲隆裕太后发布退位诏书，中华民国正式取代了大清帝国。

庄蕴宽（1866～1932），字思缄，号抱闳，晚年称无碍居士，常州人。

孙中山拜谒朱元璋陵墓之时的那篇名噪一时的《祭明陵文》就出自其时任孙中山秘书的任鸿隽笔下。此时此刻还在常熟乡下的陈衡哲决没有想到，任鸿隽，这个为孙中山捉刀的中华民国临时总统府秘书，这个为中国科学筚路蓝缕的革命先驱，会在10年以后，成为她海外姻缘的起点，成为与她朝夕相处、终身相依的丈夫。

一场摧枯拉朽的革命，一个封建王朝的覆灭，让很多原先在闺门中深藏的

武昌起义

女孩子们兴奋起来。陈衡哲认识的几个女孩,有的加入了"女子敢死队",有的加入了"女子北伐军"!陈衡哲对革命充满了好奇和同情,但由于她经历过购买铁路公债的闹剧,也与舅舅深入地探讨过革命时期女孩所能做的事,她对这种狂热的革命热情已经有了免疫力。当女孩们来到陈衡哲身边,说服陈衡哲参加女子敢死队时,曾经梦想过做贞德姑娘的陈衡哲还是理智地拒绝了。正如她自己所说:"在举国皆狂的时期,我却不知不觉地成长为一个头脑冷静、不抱任何幻想的女子"。"我从那种进退两难的境地和内心的挣扎中,得到的是更加坚定的人生目标和对自己实现这些目标的自信。"①

一个动荡不安的时代,注定要让普通的中国人在动荡中颠沛流离。陈衡哲的父母曾经在1903年全家迁往四川。1911年这场江山易色的辛亥革命,同样也使一个普通的中国家庭经历了另一种性质的变化。

本来属于晚清朝廷官员的陈韬,因为民国的建立,失去了原有的官职。作

---

① 《陈衡哲早年自传》,陈衡哲著,冯进译,安徽教育出版社2006年版,第161、162页。

为一个饱读诗书、思想也不算保守的官员，他能够理解中国革命的发生，但他自幼接受的道德教育注定了他不能接受民国政府安排的官职。别无选择的他和妻子庄曜孚，在1913年的冬天，拖家带口，千里迢迢，从居住了10年的四川返回江苏，终生不再担任政府官员。

陈衡哲再次和父母见面时，又见到了一个新弟弟和一个新妹妹。现在的家里，除了结了婚的一姐一妹，除了没有结婚的陈衡哲自己，还有5个未成年的孩子，他们要吃要穿，还要上学。曾经养尊处优的家庭，现在经济困难，朝不保夕。庄曜孚见到陈衡哲，痛哭失声："阿华！我们现在就像乞丐一样！我唯一高兴的是，你还能照顾自己！"

任鸿隽

母亲第一次把陈衡哲排除在"我们"之外，这让她很难受！母亲曾经是自己最坚强的依靠啊！

经历了时代变革又失去了饭碗的父亲有点垂头丧气。他对陈衡哲说："我们总算从四川逃难一样地回来了！我已经厌倦了挣钱养家。我拼命做事又有什么用？既然现在你是最大的孩子，又不愿结婚，你现在可以接班，让我退休了吧？"

陈衡哲赶紧告诉父母，姑母帮她安排了一个家庭教师的工作，她希望自己低微的收入能够贴补家用。

庄曜孚赶紧安慰女儿："父亲跟你开玩笑的！如果生活困难，我还有笔墨纸张，可以卖画为生！"

暂时团聚的快乐，伴随着生活的艰辛。时代风雨的沐浴，还有考验，会给进入民国时代的陈衡哲带来什么样的新的人生呢？

七、远赴重洋

> 要是我能获得奖学金，那整个世界都会在我面前开放，就像长夜过后黎明到来一样。
>
> ——《陈衡哲早年自传》①

人生的机遇像风，刮过来的时候你不去拥抱它，它是不会为你停留的。

1914年，是陈衡哲的幸运年。这一年，注定永载史册。

经历过革命的亢奋期之后，陈衡哲仍然待在姑母家。1913年冬，陈衡哲的父母也回到了江苏，先暂住常熟，后来搬到苏州。陈韬夫妇原先存在银行的一点积蓄，因为革命时期的银行混乱，变得一无所有。为了生存，陈韬去了南京，找到了一份半官方的工作。原先在家只做县长太太的庄曜孚重新拿起了画笔。不过这一次，不是闺房之内的自娱自乐，也不是兴之所至地要去传授新思想，而是凭一技之长，到苏州女校教女学生绘画，以此谋生。

一场血雨腥风的革命，一个现代共和国的诞生，打破了一个旧世界，创造了一个新纪元。

尽管这个新世界依旧风声鹤唳，风雨如晦，但它还是解开了很多禁锢，逼迫并鼓励人们力所能及地走出家门，甚至走出国门。

---

① 《陈衡哲早年自传》，陈衡哲著，冯进译，安徽教育出版社2006年版，第168页。

对于陈韬一家而言，小脚太太庄曜孚走出了家门，大脚女儿陈衡哲走出了国门。不过，前者，是生活所迫。后者，却是主动出击。

为了贴补家用，也为了有一点可以自由支配的零钱，陈衡哲在1913年冬天向姑母坦陈了她的经济困境。姑母推荐她到乡下一个朋友的家馆中去教书。

1914年春天，陈衡哲来到常熟乡下她姑母的朋友家，开始了她人生的第一份工作。月薪20元，教授国文、算术和基础英语。陈衡哲从月薪中拿出10元，帮助父母支付房租。

虽然这份工作暂时解决了她的经济窘况，但陈衡哲并不满意。她热爱文艺，从事跟文艺相关的事业才是她生命中炽热燃烧的中心。可是，她漂泊多年，甚至为了自由而与父母反其道而行之，她能走的道路又在哪儿呢？这样仅仅能够养家糊口的生活，和父母包办的婚姻生活又有什么区别吗？

正在陈衡哲举棋不定、忧心如焚的时候，在1914年5月的某一天，她从报上看到了清华学校面向全国女孩举办招生考试的消息。招考的要求当中，不计较她们先前的在校记录，年龄要求在18到21岁之间，必须体检合格，这里所谓的体检合格，除了一般的健康指标外，特别要求女孩有一双天足。如果能够通过体检和考试，获得庚子留学奖学金，将获准去美国大学学习5年。

这真是千载难逢的大好机会。想想吧，民国之前，中国女子连受教育权都没有，更遑论参加全国性的选拔考试。陈衡哲一直苦苦寻求自我发展的机会却一无所获，不就是因为中国还没有一所正儿八经招收女子的大学吗？能到国外大学读书，这是多么巨大的诱惑啊！

蛰居常熟多年的陈衡哲看到这样的招考消息，内心充满了痛楚的渴望。

她想："要是我能获得笔试的机会，谁说奇迹不会发生呢？"但是，当陈衡哲看到公告中列举的考试科目，不禁倒抽了一口冷气，因为其中有一半的科目，她从来没有学过，比如英国历史，美国历史，几何，大代数，等等。

如果陈衡哲像大多数女孩那样因为没学过这些科目而选择最终放弃，应该也是情有可原的。能有多少人有这样的胆量，好几门科目都没学过，就敢去参加考试？

　　陈衡哲其他的条件，以今人的眼光看来，也很不足。招考规定中要求的年龄是在18到21岁之间，可1914年的陈衡哲已经24周岁了。科目和年龄，对于陈衡哲而言，都是挑战。按照常规的逻辑，陈衡哲连报名的资格都没有。

　　但是陈衡哲偏不！她没有去想考试的困难，而是想到考上了的可能。她在心里美滋滋地做梦："要是我能获得奖学金，那么全世界都会在我面前开放，我往后的日子，就像漫漫长夜之后的黎明一样，充满了朝气和阳光！"

　　无梦的人生是可怕的，有梦的人生，如果不去好好追求，无异于痴人说梦！

　　深思熟虑的陈衡哲没有选择回家，尽管父母就在身边不远的城市。她担心若跟母亲商量，父亲又会阻拦，从而为一件未必能行的事而大动干戈。一直关照自己的三舅庄蕴宽现在远居北京，鞭长莫及，若通信征求他的意见，路途漫漫，时间上也来不及。陈衡哲唯一可以商量的人，只有姑母。于是陈衡哲向家馆的女主人请假两天，回到姑妈家，与姑母商量考试的事。

　　有的时候，我们去追求自己的前途，决心下了，还需要一把助力。不要小看这一把助力，所谓行百里者半九十，强弩之末不能穿鲁缟，有时恰恰因为少了关键的助力与支持，功败垂成！

　　陈衡哲的幸运在于她蓄势待发之时得到了这份支持。陈衡哲的姑母听到侄女告诉她这个全国招考的消息之后，精神为之一振，全力支持她去一试。

　　"阿华，无论如何你总要试一下！现在你是龙困浅滩，暂且栖身此地。鼓足勇气试试吧！要是不成功，只有我知道！要是成功了，全世界都会知道！你有什么可担心的呢？"

　　"可是我教书的那家，女主人对我太好了，我不想在她需要我教她孩子的时候丢下她们不管，况且我父母搬到苏州居住时，我已经预支了2个月的薪水，我怎么办呢？"

　　姑母说："那你不用管。我给她写信为你请假。你考试要多久？"

　　"大概两周！"

姑母再次鼓励侄女:"我给你写信,就说你因为要紧事,请假 2 星期。你假如没考上,还可以人不知鬼不觉地回去继续教你的书!"

"那要是考上了呢?"陈衡哲一万个不放心,傻得有些可爱。

"那是多大的荣耀啊!我会保证你在没有能力还钱之前不用还那预支的 40 块钱,我跟你女主人这点交情还是有的!"

在姑母的悉心安排下,陈衡哲顺利地解决了眼前的困难,放下了所有包袱,准备全力一试。

临近考试前,陈衡哲只身赶往上海,住在了母亲的一个姐妹家里。在规定的时间里,她先去报名参加体检。

关于超龄的问题,陈衡哲很自然地将自己的年龄报小了几岁。在那样的时代,户籍管理不像今天这么严格,瞒报年龄的情况比比皆是。

报名体检者 41 人,39 人通过了体检。报名者当中,有教会学校的学生,有中国公学的学生。笔试持续了一周,每天上午考 3 门,下午考 2 门。

6 月的上海,阳光普照,但也热焰逼人,体力的消耗和脑力的紧张,使陈衡哲每参加一场考试,都要汗流浃背。陈衡哲的紧张,除了通常的考试紧张,还有一层恐慌——好多科目她学都没有学过,自然对相关的知识一无所知。于是在考试时,陈衡哲也会投机取巧。如,考美国历史时,问:"安德鲁·杰克逊为什么被弹劾?"陈衡哲自作聪明地写道:"因为他违反了宪法!"

历史还能虚张声势。考到了代数或者几何,陈衡哲束手无策,于是她在考卷上老老实实地写道:"从来没有学过这个科目!"然后把白卷交给了考官。

这样的考试持续了一周,每天晚上考试结束之后,考卷就会立即被送去北京清华学校,在那儿,有一个特别的考官小组,对考卷进行批改和审查。

陈衡哲在上海的阿姨家呆了 2 星期,早出晚归,日日如此。阿姨问她,为什么每天都那么早出门呢?陈衡哲告诉她,每天得去医院看望并照顾病人,阿姨以为陈衡哲撒谎,认为这样一个年青女孩,天天一大早出去,肯定是和青年男子幽会。

考完试之后，陈衡哲又回到了常熟乡下继续教书。虽然她对自己的考试充满了焦虑，但怎么也不敢每天看报，"要是考不上"，她想，"我的未来还有什么希望呢？"

直到有一天，陈衡哲惊讶地看到姑母的贴身婢女从常熟来了，她带来了姑母的亲笔信，还有亲手做的好吃的。打开信一看，发现是一封贺信，姑母祝贺她考取了清华的庚子留学奖学金项目。陈衡哲连忙去找报纸来看，发现录取名单已经公布2天了。在10个录取者中，陈衡哲名列第二。

有时候，机会垂青的，就是敢拼敢闯的人，陈衡哲在超龄、诸多科目都没有学过的情况下，也能考取，这说明，其他在教会学校或是中国公学就读的女子所学的知识也并不全面。既然是一种选拔性的考试，考试的难度超过考生的知识结构，当然是可以理解的！

陈衡哲看到录取结果，喜出望外，心里怦怦直跳，她想："如果我考前望而却步，不敢一试，还能得到这个千载难逢的机会吗？"

还有什么比这个消息更好呢？！陈衡哲得知自己终于考取之后，如释重负，喜悦的泪水像断了线的珠子，滚滚而来！她那种泪如雨下的样子吓坏了她的女主人，女主人了解了原委，才恍然大悟，她也发自内心地为陈衡哲感到高兴。陈衡哲真诚地向女主人道歉，告诉她，这件事连自己的父母也不知道，所以希望她能原谅自己。

女主人离开以后，陈衡哲坐在自己的房间里，仍然沉浸在突如其来的喜悦里，她索性抱着姑母的信哭了个够，那种说哭就哭的坏毛病，今天且让它放纵一次吧！

她南下广州，东去上海，抗婚离家，投靠姑母，不就是盼着有一天能够得偿所愿吗？她一直以来不就是想学西洋的女子，做一个独立的自己吗？

这一天的陈衡哲，哭哭笑笑，喜悦和伤痛的感觉交织在她的心头。她像范进中了举一样，有些傻，有些怪。也难怪，这比中举更甚一筹的出洋留学，怎能不让她心潮澎湃呢！现在，她那个考前就有的奢望，那个全世界即将在她面前开放的愿景，果然梦想成真！

她想起厚爱自己、也一直对自己期盼甚高的三舅，赶紧写信向舅舅报告这个好消息，谁知舅舅早在报上看到外甥女的名字了。他提笔写信告诉陈衡哲：

"清华招女生，吾知甥必去应考；既考，吾又知甥必取……吾甥积年求学之愿，于今得偿，舅氏之喜慰可知矣。"

"吾甥当初求学之动机，吾知其最为纯洁，最为专一。有欲效吾甥者，当劝其效甥之动机也。"

陈衡哲读到舅舅这样赞赏自己的来信，百感交集，以往舅舅匆匆忙忙骑马回家亲自给她授课的情景，历历在目。自己缠着舅舅、舅母要去上学的任性与哭泣，也恍如昨天。

父亲、母亲知道了女儿考取的消息，当然也是激动万分。从小就认为这个二女儿不一般，但到底会怎么个不一般，他们不知道。以前女儿不愿意结婚，父母还担心她会孤老至终，但她执意如此，只好无奈地放手。现在，女儿出洋留学，难道不是真的为陈家光耀门楣吗？

多年以后，在陈氏家族的族谱上，唯一一个女性入谱的，就是陈衡哲！

虽然陈韬和庄曜孚经济非常紧张，但他们还是东拼西凑了一些钱，打发女儿动身。陈衡哲离开的前夕，来到姑母家告别，姑母喜极而泣，她对陈衡哲说了许多鼓励又慈爱、温馨又智慧的话。想及陈衡哲这一出去就是5年，5年之后自己还不知能不能见到侄女，姑母不禁悲从中来。一老一小，又高兴又舍不得离别，颠颠倒倒地，不知流了多少泪。

从6月份参加考试，到8月15日出发赴美，中间只有不到2个月的时间。录取情况出来之后，陈衡哲马不停蹄，准备行装，接受培训。第一批出境留学的10个女生中，9个来自教会学校，唯有陈衡哲不懂美国人的生活方式和思维方式。

不过，不管前方是险滩还是激流，一次次地超越了自我的陈衡哲已经不再把这些琐碎的困难当成拦路虎了。

上海外滩旧景（约19世纪90年代）

离家之前，陈衡哲和父母约定，自己出发的那一天，父母不要来送行。陈衡哲做出这样的决定也符合她一贯的风格。既然离别是一个令人感伤的场面，何必让自己的母亲经受这样的场景呢？陈衡哲本来就有些于心不忍，因为自己离开了中国意味着母亲少了一个帮手，而她的家中还有5个不懂事的弟弟妹妹。父亲远在南京，母亲带着5个孩子，还要去外面教书养家。在家庭主妇和职业妇女之间来回奔波的母亲本来就很艰难了，自己何苦又去劳烦母亲呢？

1914年8月15日下午，上海外滩。

一艘"中国号"大型蒸汽船即将扬帆远航！

在这艘大船上，有清华学校一百多个男生和14个女生，其中9个是获得清华奖学金的。因为另外1个获得奖学金的女生出发前突发重病，从而错失了这个百年一遇的好机会。带领陈衡哲他们的是清华学校的周诒春校长，他的太太是所有女生的监护人。

在这艘大船上，陈衡哲回望外滩的陆地，心潮澎湃。陆地上人群熙熙攘攘，都是来送别远赴重洋的青年学生们的家长。唯一一个没有家长送行的，就是陈衡哲，她默默地挥手，似乎父母、舅舅、姑母们也站在码头上！家长们按照陈衡哲的要求，没有来送行，即便这是一别5年的异国旅程。这么多年来，陈衡哲经历过各种各样的独处，为何不能轻松地面对迈向前方的独处呢？

陈衡哲在想："能幸运地迈上去美国大学学习的旅程，已经算是上天和亲人们送给我的最好的礼物了，还有什么样的送行，还有什么样的爱，比放手让我去走自己的路更具有价值和意义呢？"

走吧，轻松地走吧！那无边无际的太平洋，那深邃苍茫的天空，才是陈衡哲此时此刻最想遨游的地方。

再一次站在可以感知天高地阔的甲板上，陈衡哲的前方已经不再是遥遥无期的探索，也不再是深不可测的磨难，而是霞光万丈、铺满鲜花的锦绣前程了。

八、黄金六年

> 在美国读了六年书,这是我求学努力的唯一正面结果。
> ——《陈衡哲早年自传》①

1914年,陈衡哲踏上了大洋彼岸的土地。当她踏上这方异域异土之时,还不知道,她会在这方土地上,沐浴6年的美国风雨。从1914年到1920年,陈衡哲在美国的求学时光分为三个阶段。第一阶段,从1914年到1915年,大学预科阶段。第二阶段,从1915年到1919年,大学本科阶段。第三阶段,从1919年到1920年,研究生阶段。正是这6年的刻苦学习和取得的优异成绩,才让她在1920年一回国,即被聘为北京大学第一位女教授,也是中国第一位女教授。

在中国教育史、中国妇女史上,陈衡哲必将成为一个时代的标签。

陈衡哲奔赴美国之时,国内群雄并起、军阀混战,共和、复辟,二次革命,此消彼长,战斗一场接着一场。欧洲大陆上,第一次世界大战的战火正熊熊燃烧。在国际国内硝烟弥漫之时,陈衡哲通过自己的努力,来到远离战火、国力强悍的美国,进入名牌大学学习,可谓幸运之极。

关于陈衡哲在美国的学习情况,现在可以找到的直接记述,主要是陈衡哲

---

① 《陈衡哲早年自传》,陈衡哲著,冯进译,安徽教育出版社2006年版,第223页。

自己所作的《回到母校去》与《美国大学的女子教育》。美国和美国大学，给陈衡哲留下了最深印象的是瓦沙的 4 年。这 4 年的前一年和后一年可算是她大学 4 年的前奏和后续。在美 6 年的留学时光，美丽、温馨、紧张又活泼，也是她人生当中最惬意、进步最快的黄金岁月。

来到美国，短暂的兴奋过后，陈衡哲遇到的第一关，就是语言。在此之前，陈衡哲唯有在上海女子中西医学堂学过一些基础英语。她的水平，离美国大学全英文教学要求，还有很大一截距离。

1914 年秋，根据中方和美方的协商与安排，陈衡哲首先来到纽约州东南部波基普西市（Poughkeepsie），在一所名叫普特南（Putnam Hall）的女子学校读大学预科。波基普西是美国纽约州哈德逊河畔的一个城市，1799 年建村，1854 年设市。陈衡哲来到这个风景秀丽的小城，带着新奇的眼光看待周围的一切。

在这所宁静的小城里，陈衡哲年轻的心里溢满了雏鹰展翅的快乐。自幼就向往的西方现在就在自己的脚下，而走进西方文化殿堂的语言工具，则有如"芝麻开门"的特殊口令，她又怎会掉以轻心？那一个个英语字母，还有一句句抑扬顿挫的英文句子，在此时的陈衡哲嘴里，幻成了打开知识之门的宝贵钥匙。她像读中文一样，热切地学习着英文。

周末，陈衡哲和同学来到郝贞河（即哈德逊河）边。蓝色的河水浩浩荡荡，一浪推着一浪，向无尽的远方流去。从地理课上，陈衡哲得知，跟一江

约翰·戴维森·洛克菲勒（John Davison Rockefeller, 1839~1937），美国资本家、实业家和慈善家，世界上第一个亿万富翁。他创立了标准石油，是美国第一位资产超过十亿的首富与全球首富，他还创办了芝加哥大学和洛克菲勒大学。

风景优美的哈德逊河畔

春水向东流的长江不一样,这条她们嘴里的"郝贞河"一路朝南流进了纽约湾,流进了大西洋!

千江有水千江月,万里无云万里天!

陈衡哲看到浩浩荡荡的郝贞河,就会想起烟波浩渺的长江。在长江之南,苏州河旁,她那个人口众多的大家庭,她年近半百的父母亲,还在民国烟云中为生计苦苦挣扎着。自己得国家之幸,远离烽火狼烟,免于凡尘俗事,无相夫教子之责,无经济困顿之忧,夙愿已成,有什么理由不好好地造自己的命呢?

郝贞河旁的青山上,树木葱茏,满山满地的红枫,在温柔的秋风吹拂下,像一扇扇打开了的少女手掌,发出热血充盈的青春般的声音。沿河的百年古树枝繁叶茂,上面有鸟雀在飞翔、跳跃,唧啾之音,如山花烂漫,将快乐化成了一道道音符,播撒在陈衡哲少女般的心头!

陈衡哲在美国的学习,就是这样的心情,所谓海阔凭鱼跃,天高任鸟飞。

这样惬意而又有甜蜜感的学习,使得陈衡哲英语水平的提升,突飞猛进。第二年,学业优异的陈衡哲完成了语言阶段的学习,顺利进入 Vassar

瓦沙大学

College——瓦沙大学学习。

　　瓦沙大学（Vassar College）是美国有名的贵族女校，号称美国女校"七姐妹"之一。这所女子大学，与陈衡哲曾经就读过的上海女子中西医学堂相比，可谓天壤之别。

　　以前，陈衡哲想学习时，无从选择。无论在广东，还是上海，都只能去医学院，学习自己不喜欢的医学，而自己的文艺喜好，只好弃置一旁。爱做梦的女孩子，生生要扭转自己的文学兴趣，不断地被无奈的现实牵着鼻子走，这对于视自由、自我为生命的陈衡哲来说，何其痛苦！

　　来到瓦沙，不啻来到了人间天堂！

　　瓦沙大学位于纽约州的蓬格奇普斯，创办于1861年，为全美顶尖的女子私立大学之一，创办人马修·瓦沙创建这所学校的目的，就是使年轻的女孩也能像男孩一样，有机会接受到良好的人文教育。因此这所已有近60年历史的美国大学，形成了优良的教学传统。

　　由于招生名额的限制，想进入瓦沙的学生必须提前几年报名，并经过相当严格的资格审查。进入这所大学的学生可以专注于一个系的一个专业，也可以专注于多学科的项目或者跨学科项目。这种强调自由选择的知识学习，培育出了严格的独立思考者，形成了瓦沙大学学术生命的精髓。

陈衡哲来到瓦沙，感到自己好像掉进了知识的海洋之中。

瓦沙师资力量雄厚，可供选择的课程很多。学生在修完一年必修课之后，完全可以根据自己的兴趣爱好自由选择。从无从选择，到选择多多，陈衡哲面对这样的学习课程，感到幸福无比。

"这么多的科目，又是这样学问专精的教授，在我们这些久患'学问饥饿病'的中国人看来，是多么愉快的一件事啊！"

选择的高度自由，教授水平的专精，使陈衡哲发现了自己学习兴趣的多元。以前，她一直认为自己最喜欢文学，好古典诗文，欣赏梁启超的文笔。由于童年时代学习父亲历史笔记的痛楚，陈衡哲原先最讨厌历史。但对于瓦沙学生来说，第一学年，历史是必修课。本来陈衡哲是抱定勉力为之的心态来啃历史这块硬骨头的，不料，在瓦沙大学历史教授们的精心讲解下，陈衡哲对于历史的兴趣居然超过了文学。教师本身的魅力对于课程感染力的提升是多么重要啊！

1916年，在瓦沙大学修完一年的必修课之后，陈衡哲确定了自己的专业方向。主攻西洋历史，兼修西洋文学。幸之又幸的陈衡哲，得到了几位学问专精、能力突出的指导老师。指导她历史学习的是历史系主任沙门（Salmon）教授和欧洲史方向的霭（Ellery）教授，指导她西洋文学的是英文系主任威利教授。陈衡哲优良的文史素养，以及后来她引领中国风气之先的学养与胆识，主要得益于瓦沙大学顶尖教授们的熏陶与培养。

瓦沙值得陈衡哲回忆的教学和管理传统很多。其中印象最深的，是沙门教授的课程考试。

陈衡哲选了沙门教授的一门课程：新闻纸的历史价值。

年终考试时，大家在教室里议论纷纷，猜测可能的考核方式。

沙门教授一出现，大家就赶紧询问：

"老师，今天我们怎么考试？"

"噢，你们很幸运，大家不用考试！"

"那是做小论文吗？"

"也不要做论文！"

"那干嘛呀？"

"跟我来，带上纸和笔！"

沙门教授招招手，让大家跟她走。同学们像一群可爱的小鸟，叽叽喳喳地，跟着沙门教授，来到了图书馆。

到了图书馆，同学们不知道这位女教授葫芦里到底卖了什么药！大家窃窃私语的当儿，沙门教授笑眯眯地："任务来了，请大家仔细寻找相应的报纸！"

沙门教授给每个同学发了一张纸条，上面写着：

从下面的报纸中，编出那一个时代和地方的小史来！

题目大家都一样，但试题贴上的报纸名称，却各不相同！

同学们心里怦怦直跳：找不到对应的报纸，就得交白卷了！

陈衡哲经常泡图书馆，对馆藏情况比较熟悉，她很快根据报纸名称和馆藏提示，找到了老师分配要找的报纸，并且根据报纸信息，编出了一份特定时期的地方简史。许多同学因为没找着报纸，最后交了白卷！

这种独特的考试方式考的是研习历史的人必备的基本功，更是这门功课的核心内容。交白卷的学生最后拿不到成绩，只能自认倒霉！

这种灵活而又务实的学术训练，对陈衡哲以后从事学术研究和教学工作产生了深刻的影响。不过，当她后来将这种教学方法移植到北大之时，却有很多学生无法适应。习惯了填鸭式教育的头脑，要一下子接受自主学习的训练，可谓难如登天！

美国教育更让陈衡哲大开眼界的，是美国学生自治的能力。美国的学生自治会雷同于中国的学生会。陈衡哲在瓦沙期间，经常被组织参加"火操"训练。所谓"火操"，即火警消防演习。夜深人静的时候，突然间火警铃声大作，大家如临大敌，无论教师还是学生，都迅速疏散到空旷之地，自治会的人根据名单点名检查。

有一次晚餐之时，突然铃声又像以往训练时一样地鸣叫了起来，大家以为又在演习，于是按照常规，迅速撤离！不过，这一次却是真的有了火警，出事地点就在楼上的餐厅。由于平时训练有素，尽管餐厅里原本人头攒动，但最终无一伤亡。自治学生会的同学分工明确，有条不紊，急救的急救，疏散的疏散，搬运的搬运，调查伤亡的调查伤亡，募捐的募捐，一切按部就班，效率十分显著。陈衡哲经历了这次火警之后，感叹地写了一篇文章——《记潘萨火灾》，她说：

"我当时看了这个情形，才明白大学教育的真意义。但这岂是专读死书的学校所能领会的！"

让陈衡哲更加赞赏有加的，是学校对于学生自主权的高度认同，以及学生对于校权同样的尊重。在中国高校，学生和学校之间，常常是非此即彼的关系，一个要管，一个不让管，矛盾重重，而学生往往无能无力。但在陈衡哲看到的美国大学里，她发现瓦沙的学生们，不但能"治"自己，而且不会妄"治"非己之事，两厢平衡，做得很好。

在陈衡哲就读瓦沙之时，学校有一强制性规定，要求所有在读生都要做礼拜。对于虔诚的教徒来说，这当然无可厚非！但是对于不太虔诚的学生来说，这是强人所难。于是，反对者们征求学生的意见，最后汇总到学生自治会的会长那儿，由会长去和学校校长协商。协商的最后结果是，学校保留参加礼拜的硬性规定，但为所有学生增加了自由缺席的机会。这样，想去的就去，不想去的就可以使用自己自由缺席的权利。这样的安排，没有一刀切，也没有"少数服从多数"，而是尽量满足了虔诚教徒和非虔诚教徒各自的需求。这样一种相对两全其美的交涉结果，不以谁胜谁负为标准，而以相对公平、便利为原则。这样一种学生管理和学生自治，让陈衡哲体验到了西方民主和自由的含义。

在美国期间，陈衡哲像一块大大的海绵，也像一片久旱逢甘雨的饥渴大地。

芝加哥大学

她大口大口地吸纳着知识和智慧，也考量着不同于东方文明的西方文明。她在比较和感悟中，当然也对西方人的自命不凡进行过批评。1919年，瓦沙大学毕业的陈衡哲，因为学业优异，被选为美国大学生联谊会 Phi Beta Kappa 的会员，并获得500美金的奖学金，赴芝加哥大学研究院去深造。这样一来，原定5年的留学期就延长了1年。1919年下半年，陈衡哲从纽约州来到美国名城芝加哥。

芝加哥大学是密歇根湖畔伊利诺伊州一所著名的研究型大学，也许由于学习时间较短，环境有变，陈衡哲在这儿的学习相对平静，其兴奋与激赏之情平淡了许多。她按部就班，顺利完成了西洋历史方向的硕士论文，获得了硕士学位！

6年弹指一瞬，24岁来到美国的陈衡哲，转眼间30而立。她人生中最灿烂而光华的时光，是在异国他乡度过的。当无数中国女性在军阀混战中颤栗着生存的时候，在传统和现代中纠结的时候，在父母之命媒妁之言下生儿育女的时候，天之骄女的陈衡哲，在欧风美雨中蜕变着、升华着。她尚未毕业，北京大学已经向她伸出了橄榄枝，意欲聘她为北京大学第一位女教授！

1920年7月，陈衡哲即将离开美国，离开让她脱胎换骨的芳香校园。漫步在瓦沙大学和芝加哥大学，陈衡哲百感交集，芬芳往事，如烟似梦。那些学业之外的日常生活，文朋诗侣之间的甜蜜互动，还有情窦迟开的女性情怀，让她对绵延无际的郝贞河，产生了无限的依恋。

泪眼问天天无言，俯身向水水滔滔。这一澜异国他乡的悠悠河水，在物是人非事事休之后，还能记得那些激动人心的往事么？

九、异国文缘

何事最难忘,知己无双:"人生事事足参商,愿作屏山将尔护,恣尔翱翔。"

山倒觉风强,柔刺刚伤;回黄转绿孰承当?猛忆深衷将护意,热泪盈眶。

——《陈衡哲早年自传》①

18岁的陈衡哲曾经为了自由,在父母面前,冒天下之大不韪,说:我永远不结婚!

时过境迁,陈衡哲这颗终身不婚的心,是不是还坚如磐石呢?

在这个世界上,什么样的男人能让发愿独身的陈衡哲变得那般敏感细腻而又俏皮多情呢?

1915年,在美国普特南女子学校学习了一年英语之后,陈衡哲来到瓦沙女子大学学习。来到这所大学的女学生,都是来自全美以及世界各地的女中翘楚,她们欣赏和模仿的榜样,往往都是人中龙凤。这年夏天,友人丁美英请陈衡哲翻译一篇英文传记。陈衡哲拿来一看,原来是关于美国孟河女子大学创办人来

---

① 《陈衡哲早年自传》,陈衡哲著,冯进译,安徽教育出版社2006年版,第233、234页。

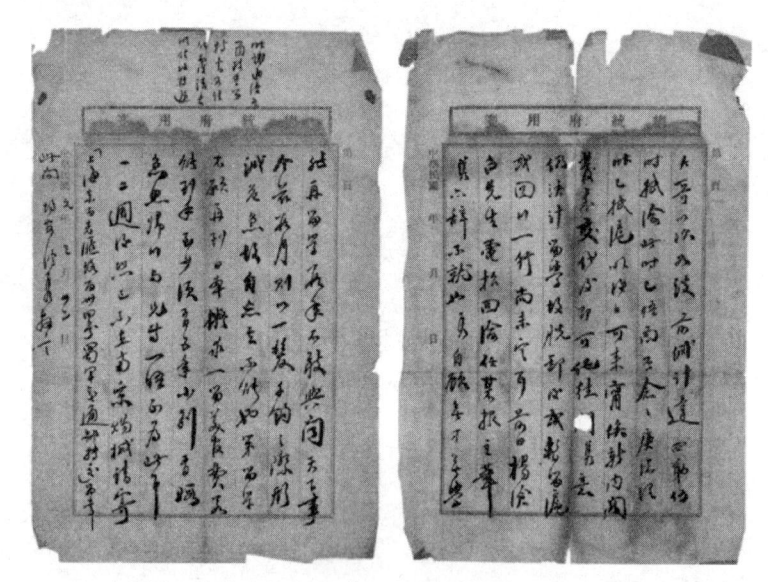

陈衡哲以莎菲为笔名在《留美学生季报》上发表白话文。

因女士的。陈衡哲历来对开风气之先、又能做出杰出成就的女子情有独钟。也许是对来因女士的创学壮举颇为心仪,原本平平淡淡的英文传记,在陈衡哲的精心翻译下,文采斐然、娓娓动人。事后,陈衡哲将这篇带有小说风味的《来因女士传》投送给了当时的《留美学生季报》。

如果说陈衡哲是一块藏之深山的璞玉,那么现在,这块晦暗多年、久经打磨的璞玉,渐渐发出了朦胧的星光。谁,会有挖掘这块璞玉的慧眼呢?

人常说,千里姻缘一线牵!本来八竿子打不着的两个人,会因为某些小小的机缘,成为终身相契的知己。陈衡哲的姻缘,正是如此。

这篇作者署名"莎菲"的《来因女士传》,现在来到了《留美学生季报》总编辑任鸿隽手里。

任鸿隽,字叔永,这位当时留美学生中的老大哥,1886年12月20日出生于四川垫江,12岁在垫江书院学习时,曾12次月考名列第一。早慧的任鸿隽,其家庭并不及陈衡哲幸运,16岁前,他父母相继病故。从此,任鸿隽走上艰苦自立的求学谋生之路。18岁时,任鸿隽考中巴县第3名秀才,21岁时在中国公学学习，和胡适为同班同学。1908年，22岁的任鸿隽赴日本留学，学习化学。1911年武昌革命爆发后，任鸿隽立即从日本回国，和弟弟任鸿年一起投笔从戎。12月31日，他随孙中山从上海乘花车赴南京就职，担任中华民国临时总统府秘书。在他的手里，曾经出产过民国史上最重要的几篇文章：《告前方将士文》《咨参议院文》《祭明陵文》。在中华民国大总统变换为袁世凯之后，任鸿隽立意弃官求学，后被批准为"稽勋学生"赴美留学。所谓的"稽勋学生"即对革命有功的学生。赴美前夕，任鸿隽应邀先后担任国务院临时秘书、天津《民意报》总编，并发表了《共和建设笔记》，揭露袁世凯篡夺政权的卑劣行为。1912年底来到美国的任鸿隽于1914年6月发起成立了科学社，发行《科学》月刊，任鸿隽被推举为科学社社长、董事会会长。

中国科学社

《科学》创刊号封面

29岁的任鸿隽走南闯北，投笔从戎，撰文为官，出国留学，兴办科学社，主编报章。他本人的年龄不大，阅历却甚广，履历闪闪发光，其学识、眼光、能力和才华，亦由此可见一斑。

1915年夏，时任《留美学生季报》总编的任鸿隽读到"莎菲"的文章，推崇备至，对其文笔激赏不已："文辞斐然，在国内已不数觏，求之国外女同学中尤为难得。"

一篇《来因女士传》成了任鸿隽、陈衡哲交往的起点。任鸿隽的这双慧眼，让陈衡哲这位留美学生群中的才女开始初放光芒。很快，这篇被认为很有小说

中国科学社第一届董事会（摄于民国四年十月二十五日），后排左起分别为：秉志、任鸿隽、赵明复，前排左起分别为：赵元任、周仁。

天才的作品就刊登在了《留美学生季报》上。

也正是由于这篇文章，陈衡哲开始成为《留美学生季报》总编的约稿对象。1916年10月，接任任鸿隽成为总编的胡适由于经常听到任鸿隽对陈衡哲的赞美，也主动写信，向陈衡哲约稿。

一段文坛佳话由此而生。

这段文坛掌故成就了一段佳偶良缘，也成就了一份终身的文字情谊。

任、陈、胡这"三个朋友"之间的男女爱情与友谊，曾经让很多圈内外文人津津乐道。人们不由猜测：这三个朋友之间，到底发生过哪些让人终身难忘的往事呢？作为胡适生命中重要的绯闻女友，陈衡哲和胡适之间是否有过传言之中的款款深情呢？从坚持独身主义，到与任鸿隽迈入婚姻殿堂，陈衡哲的内心有过哪些不为人知的波澜呢？

很多隐秘的往事由于诸多书札资料的流失，已很难寻其真相。根据陈衡哲晚年所述的《任叔永先生不朽》可以推测，1915年的陈衡哲所知道的美国留学界风云人物正在发动两起文化革新的运动，一是胡适提倡的白话文运动，二是任鸿隽的科学救国运动。

因《来因女士传》结识陈衡哲之后，任鸿隽力邀她加入他们的"科学社"。陈衡哲想及自己的所学，有些犹豫。

她说："我不是学科学的！"

任鸿隽不以为然："没关系的，我们需要的是道义上的支持！"

1915 年 10 月 25 日，"中国科学社"正式成立，任鸿隽被选为第一届董事会会长，中国科学社社长。由于任鸿隽的力荐，尚未与他谋面的陈衡哲也成为中国科学社的正式会员。自此以后，任陈二人鸿雁传书，交谈甚欢。于任鸿隽而言，他对陈衡哲全无芥蒂，日常生活中与胡适等人交往的细节，他在信中全都告诉了陈衡哲。因此陈衡哲未与他们晤面之时，对他们之间的友谊及往来通信已了解甚多。这样的通信，对于陈衡哲而言，只是多了同道中人的感觉，绝没有上升到男女之情的高度。

1916 年暑假期间，任鸿隽以科学社名义邀请圈中好友游湖泛舟。除了梅光迪、杨杏佛等老朋友之外，任鸿隽特别邀请了陈衡哲。

这样一次特别的聚会，颇有指点江山、激扬文字的意味，所有参加夏游的这些人，都是中国现代文化史大名鼎鼎的人物。例如，梅光迪是中国首位留美文学博士，创办了《学衡》杂志，担任过中国很多著名大学的西洋系主任。杨杏佛是中国人权运动先驱，被誉为"中国现代科学管理之父"。这次交游中虽然有翻船、降雨等小小惊险，但对于青春年少的佼佼学

《学衡》

子们来说，游览中的波折无疑增添了游玩的乐趣。

此时的陈衡哲刚从乏味的语言学习中脱身而出，正沉浸在瓦沙大学新学风的兴奋之中。陈衡哲天真率性，不事雕琢，其活泼自然的性格，俊秀窈窕的体貌，给早就对她有好感的任鸿隽留下了深刻的印象。本来就有些先入为主的任鸿隽对陈衡哲一见倾心，如其《五十自述》所说，"一见如故，爱慕之情与日俱深。"不过，依然坚持独身主义的陈衡哲此时对任鸿隽内心的波澜一无所知。

这年9月，东美中国学生会年会在麻省安道弗召开，此年会负责人是宋子文。陈衡哲参加了此次年会，并在强手如林的演讲比赛中获得中文演讲第二名，后又成为新一届东美学生会的中文书记，也是年会职员中唯一的一位女留学生。得东美学生会年会召开的便利，中国科学社年会也在第二天举行了第一次年会，现在我们可以见到的照片资料显示，科学社年会照片居中的两位人物，一为任鸿隽，一为陈衡哲。不过身为社长的任鸿隽，西装革履，一脸严肃与拘谨，双手紧握，正面并腿而坐，而一旁的陈衡哲，身着旗袍，侧身随意地坐着，笑容灿烂，心无旁骛。那自信、美丽、阳光的神态，跟一旁的任鸿隽相比，真是相映成趣。

小小的一张照片，泄露了两人交往过程中一些难为外人道的小秘密。任鸿隽的这种紧张，和他走南闯北、独当一面的领袖风格形成了鲜明的反差。这样的紧张，仅仅因为，他旁边坐着的，是他心中的女神。他还不知道自己与心中女神的距

任鸿隽与陈衡哲在中国科学社第一次年会上（1916年9月）。

离到底有多远!

任陈二人初见之后,文字往来如家常便饭。陈衡哲将自己的作品《异兰记》寄给任鸿隽,请他题签。任鸿隽拟好题诗后却又不太自信,还特请胡适为之把关,最后任鸿隽以《题陈衡哲女士异兰记》为题,作词如下:

> 新陆不复见兰蕙,每忆清芬心如醉。
> 何来幽介空谷姿,为君采撷书中缀。
> 瓣蕊纷披香未残,葱茏细茎叶微宽。
> 莫向湘沅觅彼偶,似此孤芳岂多有。

任鸿隽的这段题签可谓一举两得,既是题签之作,亦表达了他对陈衡哲的心声。由于任鸿隽和胡适之间的亲密关系,陈衡哲也很快和胡适有了联系。

1916年,胡适担任了《留美学生季报》的编辑。在任鸿隽的大力推举下,胡适于1916年10月份写信向陈衡哲约稿。

此时的胡适,英俊潇洒,口才和文才俱佳,在留美学生当中,风头健旺。1910年,他考取"庚子赔款"第2期官费生赴美国留学。考试期间,他也有跟陈衡哲类似的经历。他的文章洋洋洒洒,得到了100分的满分,可是政史地物化生等理科综合考试只得了区区12分。凭借着超强的国文写作能力,他顺利获取留学资格。赴美之后的胡适,博闻强记、笔耕不辍,他的演讲才华突出,经常提出一些大家感到新鲜的话题,在留学生中引领潮流。1913年,时在康奈尔大学文学院读书的胡适当选为世界学生会会长。1915年初,世界学生会举行10周年纪念祝典,他以干事长身份作"世界会之目的"的演说。

陈衡哲收到胡适的约稿信,很自然地想起任鸿隽跟她说过的一句话:"我诗君文两无敌。"这是胡适暗中跟任鸿隽两人的自许之辞。胡适的意思,自己的诗,任鸿隽的文,足可冠于诸生之林。现在胡适向陈衡哲约"文稿",陈衡哲回信笑道:

20世纪初期的胡适

"我诗君文两无敌",岂可舍无敌而他求乎?①

陈衡哲想,既然你的诗是"无敌"之诗,任君之文是"无敌"之文,为何向我约稿呢?

胡适接信哈哈大笑,执笔回信:"细读来书,颇有酸味!"

陈衡哲不遑多让:"请先生此后勿再'细读来书',否则'发明品'将日新月盛也。"

胡适得信之后,感到陈衡哲确实如任鸿隽所说,语风甚健,才华过人。他作打油诗一首,向陈衡哲致意:

不"细读来书",怕失书中味。

若"细读来书",怕故入人罪。

得罪寄信人,真不得开交。

还请寄信人,下次寄信时,声明读几遭。

这第一个斗智的回合,胡适甘拜下风。

后来,胡适似乎抓住了陈衡哲来信当中的一个把柄。因为陈衡哲称他为先生,他要求陈衡哲不要这样称呼他:

---

① 本书中所有提及胡适、任鸿隽、陈衡哲书信内容,均转引自史建国《陈衡哲传》,上海远东出版社2010年版。其著作中所列原始文献为:耿云志主编的《胡适遗稿及秘藏书信》,黄山书社1994年版。

你若"先生"我，我也"先生"你。

不如两免了，省得多少事。

聪明的陈衡哲，哪里给胡适自作聪明的机会。她回信告诉胡适，她用的先生，是英语里专指男性的"Mr"，并非中文里的老师尊称。

所谓"先生"者，"密斯忒"云也。

不称你"先生"，又称你什么？

不过若照了，名从主人理，

我亦不应该，勉强"先生"你。

但我亦不该，就呼你大名。

"还请寄信人，下次寄信时，声明"要何称。

这样暗含机锋的信，主动权始终牢牢把握在陈衡哲这里，陈的聪明与才情果然如老友任鸿隽所说。他再一次甘拜下风，写诗告白：

先生好辩才，驳我有口不能开。

仔细想起来，呼牛呼马，阿猫阿狗，有何分别哉？

我戏言，本不该。

"下次写信"，请你不用再疑猜：

随你称什么，我一一答应响如雷，决不敢再驳回。

胡适和陈衡哲之间的通信，从一开始就是这样，几无陌生之感，轻松诙谐而幽默，斗智斗勇之余，相互认同处颇多，以致正对陈衡哲一厢情愿的任鸿隽跟胡适要胡陈之间的打油诗一览。他说：

"陈寄我书,已不'先生',想是尊诗之效。特不知其答词如何,何以使足下'有口不能开'乎?能许我一阅否?……"

青年男女之间的通信,总是那个用情最深的人最卑微,最生动。任鸿隽跟胡适要陈衡哲写的信,明摆着是一个过分的要求。但身陷情网中的人又怎会自知呢?

于是,胡适以任鸿隽自己作的诗《见月口占》中的一首为底本,重作了一首诗,戏谑任鸿隽:不知近何事,明月殊恼人。可惜此时情,那人不知道。

陈衡哲知道还是不知道,只有她自己知道,但胡适以为她不知道。胡适至少明白一点,就是任鸿隽很喜欢陈衡哲,但还不知道陈衡哲是否知道,是否接纳。

三个人当中,任生于1886年,陈生于1890年,胡生于1891年。三个绝顶聪明的人,在各自情感没有尘埃落定之时,在玩一场才智过人的游戏。陈衡哲的不婚主义,在这些多次往还的信件中,应该有所松动。但松动到何种程度,无法考证。

陈衡哲跟任鸿隽通信,也像跟胡适一样,时有取笑之语。

她看到任鸿隽《见月口占》中的第一首诗这样写道:脱衣将就枕,灭烛见明月。恐动千里思,深深下窗幕。

陈衡哲故意问任鸿隽:"君家在数万里外,言数千里,得无与'科学精神'相背乎?"

任鸿隽也给出自以为妙词的回答:"所谓远思范围甚广,有在数万里外,有在数百里外,此平均言之,则曰千里方可。"任鸿隽的机锋,也在试探陈衡哲。几万里之外的是家,那几百里之外的,又是谁呢?

自古风月总关情!

在任鸿隽"对月口占"之后,陈衡哲也寄来了她的《风》《月》二诗。其中的《月》,再一次击中单相思的任鸿隽。

> 月
> 初月曳轻云，笑隐寒林里。
> 不知清波中，容光已散弥。
> 风
> 夜闻雨敲窗，起视月如水。
> 万叶正乱飞，鸣飙落松蕊。

50岁的任鸿隽回忆起《月》时，曾经这样说："我看了这首诗，喜欢得了不得，学着化学家倍随留斯的话，说：我在新大陆发现了一个新诗人。"

确实，年轻的任鸿隽因为这首诗，更坚定了自己追求陈衡哲的决心。但是既然他的老友胡适曾经自诩"我诗君文两无敌"，那么自认为无敌的诗人，会怎么看待陈衡哲的诗呢？他把诗句抄给胡适，请他猜猜这两首诗是谁做的。

胡适回信评价道：两诗绝妙！《风》诗吾三人（任、杨及我）若用力气尚能为之；《月》诗绝非我辈寻常蹊径。……足下有此情致，无此聪明；杏佛有此聪明，无此细腻，这一定是一个新诗人作的……以适之逻辑度之，此新诗人其陈女士乎？

胡适对该诗的评价又被任鸿隽寄给了陈衡哲，相信陈衡哲看了之后肯定亦有知遇之感。

朋友们为陈衡哲的《月》又讨论了好久，最后经胡适修改，定为：

> 初月曳轻云，笑隐寒林里。
> 不知好容光，已印清溪底。

不久，胡适也作了几首关于"月"的诗，其中有一首颇有意味：

> 我但玩明月，更不想什么。
> 月可使人愁，定不能愁我。

"月"在任鸿隽那里,是"明月殊恼人",在胡适这里,是"定不能愁我",是愁还是不愁,只有天知道。

不用再举更多的例子了,任陈胡之间的信件往来,其频繁,其深入,其意味,确非普通朋友可比。想想他们当时都正是学业繁重之时,却还有心情和时间你来我往,且乐此不疲,其关系之深,可见一斑。后来,胡适在陈衡哲的《小雨点》出版时,回忆了这一段快乐的时光:

> 我在美国的最后一年,和莎菲通了四五十次信,却没有见过她,直到临走之前(指胡回国),我同叔永到藩萨大学去看她,才见了一面。但我们当初几个朋友通信的乐趣真是无穷。我记得每天早上六点钟左右,我房门上的铃响一下,门下小缝里"哧""哧"地一封一封的信丢进来,我就跳起来,捡起地下的信,仍回到床上躺着看信。这里总有一信或一片是叔永的,或是莎菲的。

文来文往,于任鸿隽而言,也是终身难忘,他在《五十自述》里这样说道:"邮筒往返,几无虚日。朋友之乐,于斯为盛。"

男性之间的通信,有再多的故事,想象的余地也有限。两男一女之间的通信,就不能不令人想入非非了。

然而铁三角一样的"三个朋友",随着胡适、任鸿隽回国日期的临近,不得不面临分别。1917年夏天,胡适学成回国,冬天遵母命与江冬秀结婚。1918年春季,任鸿隽也从哥伦比亚大学硕士毕业。由于科学社的关系,他最终推迟到10月份回国。曾经的"三个朋友",只留下陈衡哲形单影只地留在瓦沙大学。

今天的人们,总在推测着三人之间意味深长的来信。其实大家最关心的,还是陈衡哲对于胡适的感情,或者说,胡适对于陈衡哲的态度。

根据很多学者的猜测,例如胡适的弟子唐德刚、年青学者史建国等,他们都偏重于胡陈通信期间,确实心有灵犀,互有好感。从陈衡哲这方来说,胡适酷爱文史哲，又清秀潇洒，能言善文，从志趣上应该更符合陈衡哲对于理想偶像的追求。从胡适角度而言，他虽已定亲，然是包办姻缘，潜意识中并不满意，故有婚约甚至结婚以后，屡生外心，绯闻女友终身不绝。陈衡哲的自由意识和智慧才情让胡适第一次体会到了中国现代女性的魅力。只是因为自己早有婚约，又无胆量去毁婚，明知这一份姻缘无望，遂将这段无缘发展为爱情的情谊转化成了友情。

胡适一生对于情感的态度，一方面体现出文人的风流、懦弱，另一方面亦可见他的宽容与无奈，他在日记中曾经就自己的包办婚姻说过这么一段话："假如我那时忍心毁约，使这几个人终身痛苦，我良心上的责备，必然比什么痛苦都难受。"正如胡适弟子唐德刚所说的，胡适的选择，使得江冬秀成为了"千万个苦难少女中，一个最幸运、最不寻常的例外"，他们的婚姻也成为了民国时代的"天方夜谭"。然而，胡适工作忙忙碌碌，江冬秀也没有起码的医学常识，更不知如何管教子女，最后女儿素斐年幼早夭，儿子胡思杜身体虚弱，顽劣不成器，是一个典型的"问题青年"，后来于建国后自杀身亡。一个家庭之中，儿女双亡，不管承认不承认，怎么也说不上美满与幸福吧。

从人生的勇气和反抗的动力上来讲，胡适远远不如陈衡哲。这也正如陈衡哲所说过的，他们那一代年轻人，虽然拥有渴望爱情与自由的心灵，他们也可能在知识方面解放自己，但在内心深处，他们害怕甚至羞于选择背叛传统的道路。

1919年11月，归国一年的任鸿隽为筹建四川钢铁厂，受委托再去美国考察炼钢方法、购买相关设备。

他去往美国的第一站就是直奔芝加哥，看望在那里继续深造的陈衡哲。从看望陈衡哲，到等陈衡哲毕业后一起回国，任鸿隽在美国停留了近8个月！

任鸿隽对陈衡哲一以贯之的爱慕、理解与支持，经得起时间、距离和凡尘俗务的考验。1919年任鸿隽再见陈衡哲之时，曾经说过这样一段话：

"你是不容易与一般的社会妥协的。我希望能做一个屏风，站在你和社会的中间，为中国来供奉和培养一个天才女子。"

最终打动陈衡哲的，应该就是这种有担当的知音之感。欣赏陈衡哲文才的知音当然不只任鸿隽一个，但愿意终身做屏风的人，只有与她相契最深的任鸿隽。

任鸿隽一开始因文章发现了她，最后又愿意终身相伴，扶持她的天才。我相信世间的女子很难有人不被这份至真至诚所感动，陈衡哲的独身主义信念，一拒再拒的女子矫情，面对任鸿隽三万里求婚的诚意，轰然倒塌！

真爱的力量是无敌的。1920年夏，当陈衡哲和任鸿隽一起踏上"支那"号远洋轮船，她挥别的不仅是美国6年的光辉岁月，还有曾经以死相拼的独身诺言。

30岁的陈衡哲再也不认为由自己选择一个终身相依的爱人是一个下贱女人的行为了！那些可怜又可笑的不婚理由，还有父母之命、媒妁之言的千年传统，在自由的风雨和真诚的恋爱面前，还有什么力量呢？

十、学成归来

> 国立北京大学于1920年才开始接受女生，也就是他们请我从美国回到中国为北大的女生打前站的那一年：我被任命为北大第一位女教授，以便他们更顺利地招收女生。
>
> ——《陈衡哲早年自传》①

1914年8月15日，抱着独身主义信念的陈衡哲孤身出洋。

1920年7月11日，获得美国瓦沙大学学士学位和芝加哥大学硕士学位的陈衡哲，与任鸿隽相携从海外归来。

此情此景犹在，然而，今日之我，已非昨日之我。

饱览过欧风美雨的陈衡哲回到阔别6年的祖国和家乡，将会有怎样的一个期盼？又会是怎样复杂的心情呢？

当"支那号"远洋巨轮渐渐停靠在6年前出发的上海黄浦江码头，陈衡哲左顾右盼，她在寻找什么呢？

不管怎么说，一个人走在人生之路上，内心始终是孤独的。30岁的陈衡哲此刻还没有结婚，身怀的依然是一颗游子的心。

她在寻找她的母亲。

---

① 《陈衡哲早年自传》，陈衡哲著，冯进译，安徽教育出版社2006年版，第3页。

从美国回来前，她致信母亲，告诉了她回国的准确日期。

她在码头上寻找着，等待着，等待自己思念了6年的母亲。在她的心里，她依然是母亲面前那个爱撒娇的孩子！

等到码头上的人全部走光了，母亲也没有出现。

失望和委屈，排山倒海一样地过来了。女孩家的任性与愤懑，一泻千里，她在任鸿隽面前，也像孩子一样，一会儿要立刻回到美国教书，一会儿又要到英国留学。

任鸿隽赶紧耐心地劝慰她。了解她成长经历的任鸿隽，欣赏她的是才情，是勇气，当然也能理解敢于走出家庭的女子自然会有的自以为是、不顾一切的小性子。

对于任鸿隽来说，自从16岁以来，一个人走南闯北，出入政界和实业界，东渡日本，远涉重洋，早已习惯了独自出门，独自回家。其实，他现在哪有家呢？父母早在18年前过世，兄弟姐妹也各自过上了自己的日子。跟任鸿隽相比，陈衡哲父母健在，已经算是很幸福的事了。不过，他们此刻住在北京，作为8个孩子的父母，北京上海也是千里迢迢，不来远接，不是顺理成章么？

陈衡哲想想也是。一切且听任鸿隽的安排，于是他们喊了一辆车，带上行李，到东亚大旅馆住下。

此时的中国，此刻的上海，依然硝烟弥漫。

任陈二人到达上海之日，沪宁、沪杭铁路段的工人们正在罢工。北京也是乌烟瘴气。一下子从安定平和、绿水青山的美国，回到运动此起彼伏、到处人心惶惶的中国，两人不由得说不出的感伤和失望。

任鸿隽本来去美国是为四川钢铁厂办厂一事，现在四川局势不稳，办厂一事自然不了了之。

这，就是他们必须面对的祖国啊！

好在，他们还有一群情投意合的朋友，他们两人之间，还有白头之约。见惯了风风雨雨的任鸿隽，自然会和陈衡哲一起，从风雨中去寻出一条路来。

8月份,中国科学社第5届年会在南京举行,作为社长、会员的任陈二人,在南京与一帮好友会合。其时,胡适也正应邀在南京高等师范学校讲学。三个朋友相见,自是感慨有加。

8月22日,任鸿隽和陈衡哲的订婚仪式在南高师举行,科学社的新朋旧友为他们祝福,任陈二人赠给来宾们一张别致的心形合影照片,一头短发的陈衡哲微笑着,一脸幸福的模样。晚上,任陈二人请胡适在鸡鸣寺豁蒙楼吃饭。

三人坐在豁蒙楼上把酒言欢,回顾往事。东望紫金山,树木成阴,一片片林海在月色下随着山峦起伏,幽远难测。北眺玄武湖,水平如镜,荷叶连连,在月色下格外动人,那些尘封在记忆深处的学生时代的风花雪月,令三人感慨万分。谈及三年前的三人相聚,三个朋友也都有物是人非之感。三年前,胡适还是热血青年一个,如今,他已是孩子他爸。三年前,陈衡哲还坚守着自己的独身主义,任鸿隽还在单相思之中,今日他们已是文朋佳侣。当年的铁三角,以后的关系,要稍稍调整了。

此情此景难再,回到寓所之后的胡适百感交集,欲罢不能,当晚就做了一首诗,题为《我们三个朋友》。

雪全消了,春将到了,只是寒威如旧。
冷风怒号,万松狂啸,伴着我们三个朋友。
风稍歇了,人将别了,——我们三个朋友。
寒流秃树,溪桥人语,——此会何时重有?

别三年了!月半圆了,照着一湖荷叶;
照着钟山,照着台城,照着高楼清绝。
别三年了,又是一种山川了,——依旧我们三个朋友。
此景无双,此日最难忘,——让我的新诗祝你们长寿!

诗的上部分，胡适回忆随任鸿隽与陈衡哲第一次见面，下部分实写南京的眼前之景，并祝福刚刚订婚的任陈夫妇。

多情自古伤离别！

在这首诗中，最为动人的一句，当为"别三年了，又是一种山川了，——依旧我们三个朋友。"诗句中的怀念，或是遗憾，或是今非昔比的感慨，颇为意味深长。

也许正因为与陈衡哲见了第二面，让他又想起在美国通信期间那种神交已久的快乐，胡适回家之后，面对江冬秀刚刚生下来的小女儿，给她起了一个含蓄隽永的名字："素斐"。这个名字的渊源，就是陈衡哲的笔名和英文名字：莎菲。

他们三个朋友的故事，再加上"素斐"这个名字，为中国现代文学史又增加了一桩文坛公案。14年后，这桩文坛公案被好事者演绎成了一出狗血三角恋剧情。

回到北京的陈衡哲，跟多年前回到四川一样，见到了阔别6年的父母和兄弟姐妹。6年的海外生活，自然不是三言两语所能道尽的。家人所知道的最大不同，自然是独身主义的陈衡哲自己选择了未来的终身伴侣。从1908年到1920年，从晚清到民国，12年过去了。视自己选丈夫为下贱女人的父亲陈韬自然理解了陈衡哲的一切选择。所以很顺利地，在任鸿隽上门10天之后，老大不小的两个人，30岁的陈衡哲和34岁的任鸿隽，准备在9月16日举行一场现代婚礼。

在决定举办婚礼前后，陈衡哲和任鸿隽先后在胡适的陪同下拜见了北大校长蔡元培。此时的胡适代行的是北大教务长职务，他的举荐使得任陈二人在北大任职非常顺利。当然，任鸿隽作为美国哥伦比亚大学的化学专业硕士，陈衡哲作为芝加哥大学历史系专业硕士，其教育背景完全符合教职要求。坚持学术自由、兼容并包的蔡元培对海外归来的有个性有思想的年青学子历来都有海纳百川的胸怀，他们二人任职北大，可谓顺理成章。

对于任鸿隽来说，任职北大不算稀奇。对于陈衡哲来说，就是开历史之新风

1920年2月，王兰、奚浈、查晓园三女生首批入北大文科旁听。该年暑假，北大冲破阻力，正式招收9名本科女生入学。这是中国国立大学男女同校的开始。

了。在此之前，中国无女教授，北大无女教授，陈衡哲的加盟使得北大独得风气之先。

1920年，北京大学正式首开女禁，开始招收女生，开启了中国男女同校的先河。幸运的陈衡哲，凭着中国第一批女留学生、第一个女硕士的光辉履历，以其良好的学识修养，为北大招收女生营造氛围，开辟新风，走进了北大，也走进了历史。

无论在中国教育史、还是在中国妇女史上，陈衡哲，成了人们回避不了的一个历史符号！

9月11日，北大新学期开学典礼如期举行，作为中国第一位女教授的陈衡哲走上了北京大学神圣的讲坛。口齿伶俐、落落大方的陈衡哲在短暂的演说中，以极富感染力的语言，表达了自己对新教职的理解，对女子教育的看法。她的不卑不亢、慷慨陈词令在场的师生们纷纷鼓掌。当晚，胡适在日记中写道："是日新教授皆有演说，莎菲最佳。"

北京大学

当然,这一切,对于陈衡哲自己来说,是超然物外的。她正在准备的一个新身份,是要做一个新娘。

1920年9月16日,一个上好的良辰吉日,任鸿隽和陈衡哲举行了一个简单的结婚典礼。出席的嘉宾大都是当时教育界的杰出人士,还有一些在京的亲友。不过他们举行的是新式婚礼,仪式很简单。

在这场婚礼上,值得记述的亮点是三副对联。一是证婚人蔡元培的——"科学社最小限度,历史谈重新开篇。"作为北大校长的蔡元培,其立意自然不同。上联主要是说任鸿隽。中国科学社是任鸿隽发起而成立的,现在任鸿隽是当家人,陈衡哲是科学社成员,岂不是最小限度?下联是说陈衡哲。陈衡哲是学历史的,现在陈衡哲自己的历史也发生变化了,她走入了婚姻殿堂。并且,从陈衡哲结婚时的身份来讲,陈衡哲已经获得北京大学历史系教授的教席,成为北京大学第一位女教授,也是中国历史上的第一位女教授,于公于私,岂不是重新开篇?

胡适也有一副对联。上联是"无后为大",下联"著书最佳"。上联有双关之意,如果以"不孝有三,无后为大"来理解,自然有恭祝任陈早生贵子之意。如果仅就"无后为大"单句来理解,自然希望陈衡哲不要忙于生孩子。下联是希望他们学术兼行,过日子也不要忘了著书立说。不管怎么说,这副对联,对于陈衡哲的关注和提醒更为丰富。所谓的"著书最佳",是胡适的人生信念,体现出一副学者品格,和他的身份亦是十分地契合。

几个月以后,陈衡哲因孕离开教职,最终证实了他的担心。

第三副对联,出自新郎官任鸿隽。上联是"清香合共来因传",下联是"新月重填百字词"。任鸿隽的这副对联,巧妙地说起了这桩姻缘的起因——"来因传"。下联是说当年在美期间,三人鱼雁传书,曾有百字令之文,今日夫妇已成,自然要重填有新内容的百字词了。

就这样,从7月11日到9月16日,两个多月的时间,在任何人的一生中,可能都是可以忽略不计的,但是,对于陈衡哲和中国历史来说,这里的某些时段,永远成为了一段跨不过去的历史。

人生的前进和后退就是这样地机缘巧合、深不可测。两个月,陈衡哲从一个海外学生,成为了中国历史上第一位女教授,被历史永远铭记。也许她的将来会一无所成,或者,会名扬天下,但不管她以后会成为什么样的人,她已通过自己的努力改写了自己的历史,也终于被历史所选择。

就一个人平凡的生活而言,陈衡哲从一个对传统婚姻失望的反抗者,从一个独身主义者,走进了带有现代感的婚姻。她摆脱了父母之命、媒妁

民国伉俪冰心和丈夫吴文藻

之言的窠臼，通过自我提升的方式，接受了民主和科学思想的熏陶，为自己进入广阔的天地，为有可能接触具有新式思想的青年才俊，提供了可能。她自由地恋爱，自主地结婚，她个人的婚恋方式，其实也开启了先河。

确实，打开历史就会知道，先有陈衡哲和任鸿隽，后有杨步伟和赵元任，然后再有冰心和吴文藻，等等，在中国现代文化史上，几对难得的自由恋爱与幸福婚姻，大都是具有留洋背景的才子才女组合。他们的幸福主要来自于双方的互相珍重，而非传统婚姻中的男子独尊。

生活翻开了新的一页，历史翻开了新的篇章，陈衡哲以后的人生将会有哪些新的契机？还会有哪些新的挑战呢？

作为中国最早的女留学生，最早的女教授，她的成就，她的人生，与启蒙和先锋的职责相匹配吗？

十一、文学先驱

　　她对于我的主张的同情,给了我不少的安慰与鼓舞。她是我的一个最早的同志。

——胡适序《小雨点》①

　　任鸿隽、胡适和陈衡哲这三个朋友中,由于胡适和陈衡哲一样,是从事文史研究的,这就注定,陈衡哲个人的兴趣,事业的发展,和胡适会有更多的交集。

　　胡适曾经说过自己——"暴得大名",就这一点来说,胡适很有自知之明。

　　梳理陈衡哲的人生经历,发现与她交往者为数不多,但却多为超凡脱俗、引领潮流之人。这其中最重要的,自然是新文化运动主将之一的胡适。

　　在一个除旧纳新的时代,个人微不足道的举动或是小小的野心,很有可能就道出了最广大人民的呼声。

　　真诗从来只在民间!

　　陈衡哲和胡适的交集,首先在于白话文运动。

　　反对文言文的白话文运动最早发端于赴美的留学生。

　　1915年,胡适从康奈尔大学毕业,将从纽约州的绮色佳搬到哥伦比亚大学,

---

① 《小雨点》,陈衡哲著,新月书店,1928年版。

20世纪初期的梅光迪　　　　　杨杏佛与鲁迅在上海

好友梅光迪也将从西北大学去往哈佛大学。于是，胡适、梅光迪、任鸿隽、杨杏佛四人互赠答词，相互送行。

胡适的赠诗，题为《送梅觐庄往哈佛大学诗》：

梅生梅生毋自鄙，神州文学久枯馁，
百年未有健者起。新潮之来不可止，文学革命其时矣。
吾辈誓不容坐视，且复号召二三子，
革命军前仗马棰，鞭笞驱除一车鬼，再拜迎入新世纪。

这是胡适第一次提出"文学革命"一词。这样的提法得到的任鸿隽的回应，是一首游戏诗，其中四句为："鞭笞一车鬼，为君生琼英。文学今革命，作歌送胡生。"面对任鸿隽等人未置可否的戏赠，胡适更为明确地提出文学革命的主张：

诗国革命自何始？要须作诗如作文。
琢镂粉饰丧元气，貌似未必诗之纯。

小人行文颇大胆，诸公一一皆人英。

愿共戮力莫须笑，我辈不作腐儒生。

胡适的这首答诗是在寻求同道。然而，他失望了。对于胡适"作诗如作文"的主张，任鸿隽以白话诗"无韵无体"不予苟同，而梅光迪则明确反对。他说："诗文截然两途。诗之文字与文之文字，自有诗文以来，无论中西，已分道而驰……"

孤军奋战的胡适在1916年8月4日写信给任鸿隽，述说自己孤立无援的状况：

"我此时练习白话韵文，颇似新开一文学殖民地。可惜须单身匹马而往，不能多得同志结伴同行。然吾去志已决。公等假我数年之期。倘此新国尽是沙碛不毛之地，则我或终归老于'文言诗国'亦未可知。倘幸而有成，则辟除荆棘之后，当开放门户，迎公等同来莅止耳！"

寂寞的胡适急需在文学革命的路途中寻一二战友。1916年8月23日，他又作《蝴蝶》一诗，把自己比喻成天上单飞的蝴蝶：

"两个黄蝴蝶，双双飞上天。不知为什么，一个忽飞还。剩下那一个，孤单怪可怜。"

胡适开始的文学革命，就是这样的形单影只。

就在这时候，任鸿隽邀请陈衡哲来到绮色佳。这是任陈二人的第一次见面，也是陈衡哲第一次正式进入到任鸿隽等人的朋友圈。

初来乍到的陈衡哲知道了胡适与朋友们的文学争论。她没有参与讨论，但从内心里讲，她同情胡适的观点，认为白话文比文言文更有生命力。因为她七八岁时，尚不会写信，母亲又经常让她给进京赶考的父亲陈韬汇报家里的情况，年幼的她除了形式上用了文言的样貌，内容都以自己的童言白话书写，哪知在京的父亲看了这样的信哈哈大笑，觉得她写的信充满了生机与童趣。

也许正是由于这童年时代用白话写信的愉快经历，陈衡哲理解并支持胡适

《新青年》杂志

陈独秀，中国新文化运动的倡导者之一，中国共产党早期的主要领导人。

文学改良的思想。

1916年下半年，远在美国的胡适将自己近几年关于文学改良的思考汇成《文学改良刍议》，投寄给陈独秀主编的《新青年》。陈独秀也正在准备一场以新文学取代旧文学的文学革命，来自海外学子胡适的文章，正和他的主张遥相呼应。

1917年1月1日，《文学改良刍议》在《新青年》正式发表。接下来的一期《新青年》，陈独秀发表了著名的《文学革命论》。这篇文章高瞻远瞩地提出了文学革命的主要内容，即"三大主义"：

> 推倒雕琢的、阿谀的贵族文学，建设平易的、抒情的国民文学；
> 推倒陈腐的、铺张的古典文学，建设新鲜的、立诚的写实文学；
> 推倒迂晦的、艰涩的山林文学，建设明了的、通俗的社会文学。

陈独秀在《文学革命论》中为强调文学革命的必要，提到了正在海外留学的胡适，对其评价极高，认为"文学革命之气运，酝酿已非一日；其首举义旗之急先锋，则为吾友胡适。余甘冒全国学究之敌，高张'文学革命军'大旗，以为吾友之声援。"

26岁的胡适因为《文学改良刍议》，也因为陈独秀在《文学革命论》中所提的"吾友"，一举成名，成了新文化运动的领袖人物。后来他自谓的"暴得大名"，正源于此。

在那样一个灾难深重、新旧交替的时代，中国就像一个巨大的火药桶，丁点儿火星都会触发大爆炸。胡适、陈独秀的文章一经发表，一夜之间，就被文学青年们捧为"圣经"。钱玄同、刘半农等人也发表文章，纷纷响应文学革命。一场轰轰烈烈的新文化运动开始从思想上、形式上对旧文化、旧思想、旧的语言文字进行全面的改良和批判。

其实，白话取代文言，旧文学取代新文学，是历史发展的必然规律。所有的改良、革新、运动，没有群众的基础，永远都是空中楼阁。但历史从来也都是公平的，只有那些深思熟虑、孜孜以求、百折不挠，并且在人格、思想、文化等诸多方面出类拔萃者，才有可能成为时代真正的弄潮儿。

在这样的时代风潮下，变革成为了主流。胡适等人应时而动，独得先机。

陈衡哲在这一群海外留学生中，以自然的天性和自由的感觉，为她内心的人物发出一种本能的呐喊，这些来自心灵深处的声音其实也是作者的声音，是那个时代的声音。

作为这些声音的代言人，陈衡哲又一次捷足先登，在中国现代文学史上争得一席之地。

她在《小雨点》的序言中说：

"我既不是文学家，更不是什么小说家，我的小说不过是一种内心冲动的产品。他们既没有师承，也没有派别，他们是不中文学家的规矩绳墨。他们存在的唯一理由，是真诚，是人类情感的共同与至诚。"

谈到她小说中的人物，陈衡哲又说：

"他们求我，迫我，搅扰我，使得我寝食不安，必待我把他们的志意情感，一一地表达出来之后，才让我恢复自由。他们是我作小说的唯一动机。"

陈衡哲的小说如此，诗歌如此，散文亦如此。对于陈衡哲的创作来说，她的作品都是"不平则鸣"的结果。由于陈衡哲的先知先觉，她的这些作品顺应了那个时代，成为了具有开拓性和先锋性的作品。

于是有了《一日》。1917 年 5 月份，它发表在《留美学生季报》上。在中国北京知识界和美国留学生界都在为文学革命争议、辩论之时，陈衡哲开始了白话文小说的写作实践，为理论造势者提供了文本的支撑。

万事开头难！一个一直用文言写作的人，一下子放开这缠绕许久的"裹脚布"，是多么艰难啊！现摘其一二，看看前辈们是怎样艰难地迈出第一步的：

贝田走至一校店，购得糖食一包，且食且至图书馆。适梅丽自图书馆出，值贝田。

梅丽："贝田，你又要不吃饭在此读书吗？"

贝田："中饭？我早饭还没有吃哩。下午的功课一点也没有预备，哪里有什么功夫吃饭呀。"梅丽："当心，你要生病。"

贝田："我倒情愿生病，那时我就可以到病院里去好好的睡觉了。"

图书馆中钟打十二下半。学生陆续散去。贝田独不出。

上面是《一日》中的部分情节。其中"且食且至图书馆"，现在说成"一边吃，一边走到图书馆"。"值贝田"，用现代汉语，应该说成"遇到贝田"。"贝田独不出"，要说成"只有贝田一个人不出来"。

以我们现在的眼光衡量《一日》，自有许多粗糙之处。但这篇文章恰恰反映了中国文言变白话的历史轨迹。

诚如胡适所说，"《一日》便是文学革命讨论初期中的最早的作品。"这篇作品与鲁迅先生 1918 年发表的《狂人日记》相比，在思想上和艺术上确有很大距离。它的价值，在于其首开白话小说之先河。

《一日》是白话文写作的最初尝试。一年之后，陈衡哲的白话文写作水平突飞猛进。很快，她的白话诗以及用白话书写的童话、寓言、散文、问题小说，都相继发表，同样起到了开山鼻祖的作用。

1917年胡适回国之后，开始参与《新青年》的编辑工作。热情高涨的陈衡哲积极用白话文写稿，1918年、1919年、1920年每年都在《新青年》发稿。胡适离开《新青年》之后，陈衡哲再没有在这个期刊上发表过一篇稿件。

1918年，鲁迅（本名周树人）首次用"鲁迅"这个笔名在《新青年》杂志发表《狂人日记》。

陈衡哲1919发表的《鸟》，充满了自由斗士的气息，读来令人振奋无比：

> 我若出了牢笼
>
> 不管他天西地东
>
> 也不管他恶雨狂风
>
> 我定要飞他个海阔天空
>
> 只飞到筋疲力尽，水尽山穷
>
> 我便请那狂风
>
> 把我的羽毛肌骨
>
> 一丝丝的都吹散在自由的空气中

这样豪情满怀的作品，能起到思想启蒙的作用。《鸟》中的"我"和萧红笔下的女人是多么地不同。萧红说：

"女性的天空是低的，羽翼是稀薄的，而身边的累赘又是笨重的。"

"我一生最大的痛苦和不幸都是因为我是女人……"。

萧红对女性命运的体察同样是准确而深刻的。这里将她们进行比较，是想说明，在1919年中国女禁未开、女性介入现代文学写作还处于缺失的状况中，陈衡哲振聋发聩地发出这样的声音，是多么难能可贵。

然而，陈衡哲新诗人的身份并未进入现代文学史的视野。陈衡哲的小说、散文分别在1928年、1938年结集出版发行。她创作的诗歌由于数量较少，未能引起关注。如今我们只能从她寄给胡适的书信上看到她不少有感而发的小诗，如《两个月亮》：

> 天上一个月亮，
> 照在我们床上。
> 水里一个月亮，
> 照在天花板上。
> 天上的月亮，
> 不及水里的月亮。
> 一个只有一点光，
> 一个光中还有许多波浪。

这首以月亮为意象的小诗写出了一个生动的自然景观，写出了天上的月亮不及水里月亮的心理感觉。"一个只有一点光，一个光中还有许多波浪"，意味深长，令人玩味不尽。所谓不涉理路，不落言筌，陈衡哲的这首小诗就有这样的妙趣。

事实上，陈衡哲"一九一八年九月在《新青年》杂志开始发表新诗的时候，尚无女性对新诗问津，冰心发表《繁星》则远是两年以后的事了；即使男性写新诗的也寥寥无几，而且陈衡哲的第一首新诗距胡适、沈尹默、刘半农发表的第一批新诗，时间仅半年多。"① 根据南通大学陈学勇教授的这段话，陈衡哲在新诗史上也是当仁不让的拓荒者。

1920年，陈衡哲的《小雨点》发表在《新青年》上，这是中国最早的带有儿童文学特点的小说。现摘其一二，领略一下它的魅力。

"我差不多要死了，请你救救我的命罢。"

小雨点听了，心里很不忍，便答道：

"极愿极愿！但是我可不知道，应该怎样的救你。"

青莲花道："听着呵！我为的是缺少了一点水，所以差不多要死。你若愿意救我的命，你让我把你吸到我的液管里去。"

小雨点吓了一大跳，竟回答不出话来。

青莲花道："小雨点，不要害怕，你将来终究要回家去的，不过现在冒一点险罢了。你愿意吗？"

小雨点听了，心里安了一点，他把青莲花看了一看，不由得发生了怜悯之心。

在陈衡哲的早期作品中，《小雨点》《西风》《老柏与野蔷薇》都是以自然界的景象来表达作者悲天悯人情怀的作品，其博爱和人道主义的视角可谓独树一帜。在中国女作家中，这样的风格和视角，陈衡哲是最早的尝试者。

除了这些带有童话、寓言风格的作品之外，陈衡哲的散文也很有特色。她的这些散文主要来自日常生活和亲身体验，文笔细腻，真切感人，与她给人留下的阳刚性格迥然有别。这些文章一方面体现出了她的创作观念，

---

① 陈学勇，《新诗史应予她一席之地——陈衡哲诗歌创作漫评》，南通师专学报，1993年第1期。

《小雨点》

另一方面也流露出她的内心世界和生活品位：

> 到了晚上，乃与叔永步至海滨，去与银波碧海，作一度最后的默契。当我们坐在一个短墙之上，正向海面凝望之际，忽见有帆船一只，在月光波影间，缓缓驶来，因念乘坐此船之人，定非俗子。是时月华愈升愈高，海上的银波，也是愈射愈远，直至天际。明知隔海的故人们，离此处的天际，仍是甚远；但目见海天交尽，总不免思念到远在他洲的许多故人，好像他们就在那天涯海角似的。"一水牵愁万里长，"遂忘凉露的沾衣了。
>
> ——《北戴河一周游记》（1926年）

> 忽听叔永一声惊叫，把我的灵魂从梦游中惊了回来。你道怎的？原来东方水天相接处，忽然显出一条红光了。那光渐渐的肥大，成为一个大红火球，徘徊摇荡在天水相接处。不到一刻钟，便见沧波万里，银光如泻，一丸冷月，傲视天空。我们五天来忠诚的守候，今天算是得到了酬报……那晚的云是特别的可爱，疏散的是那样的潇洒轻盈，浓厚的是那样的齐整，那样的有层次，它们使得那圆月时时变换形态与光辉，使得它更外可爱。不过若从水面上看，却又愿天空静碧，方能见到万里银波的伟大与清丽。
>
> ——《北戴河游记》（1933年）

北戴河标志石

　　陈衡哲曾经说过，"我是自然的孩子，最爱的是自然"。这种对于自然的热爱，使得她经常为自然的一草一木、一山一水而忘情，笔端流出的文字也如草木山水般明媚、清新。这些来自生活、有感而发的文字，就在今天读来，依然让人感到身临其境，如品佳茗。

　　在陈衡哲所有的文学创作中，她大量关注了妇女题材。作为一个自身从旧传统中挣扎而出的女性作家，她的这类题材创作是为自己、也为所有女性同胞们提出问题。《洛绮思的问题》《一支扣针的古事》，都以独身女性作为主人公，探讨职业、母职与爱情问题。

　　《洛绮思的问题》是最早的女性问题小说，社会反响很大。这篇小说的主人公，取材于瓦沙大学的一名独身女教授。不过后来也有人认为，这篇小说里的主要情节其实也影射了胡、陈、江三人的关系。小说讲的是，哲学教授瓦德和女学生洛绮思相恋，洛绮思担心自己结婚以后纠缠于家庭生活而事业无成，遂拒绝瓦德而选择独身。洛绮思这样说道：

> 结婚的一件事，实是女子的一个大问题。你们男子结了婚，之多不过加上一点经济上的担负，于你们的学问事业，是没有什么妨害的。至于女子结婚之后，情形便不同了：家务的主持，儿童的保护及教育，哪一样是别人能够代劳的？

为了成全洛绮思，瓦德同意分手，娶了一个自己并不爱的体育教师。但瓦德对洛绮思念念不忘，他在心里这样说道：

> 有许多我的朋友们，以为我应该找一个志同道合的人来做终身的伴侣。我岂不愿如此，但是，洛绮思，天上的天鹅，是轻易不到人间来的。
>
> ……我不愿对于我的妻子有不满意的说话，但是我又怎能欺骗自己，说我的梦想是实现了呢？我既娶了妻子，自当尽我丈夫的责任，但我心中总有一角之地，是不能给她的。那一角之中，藏着无数过去的悲欢，无限天堂地狱的色相。我常趁无人时，把他打开，回味一回，伤心一回，让他把我的心狠狠地揉搓一回，又把他关闭了。这是我的第二个世界，谁也不许偷窥的。他是一个神秘的世界，他能碎我的心，但我是情愿的；他有魔力能使我贪恋那个又苦又酸的泉水，胜于一切俗世的甘泉……我实愿有一个人，来与我同游这个世界。我怎敢希望这个人是你呢？但你却是这个世界的创造者，没有你便没有它，所以它是纯洁的、出世的、不染尘滓的。
>
> 我不多写了。我要求你明白，瓦德虽是结了婚，但他不曾因此关闭了他的心；尤其是对于洛绮思，他的心是永远开放着的。

瓦德婚后的境遇不好，而洛绮思独身之后却是功成名就了。但面对晚景凄凉，她怅然若失，觉得自己功成名就的人生终是缺了一角。因此，洛绮思的问题，无论结婚，还是不结婚，都成了问题。

陈衡哲通过洛绮思，表达了女子成立家庭与追求事业之间的纠结与矛盾，这样的问题陈衡哲遭遇着，千千万万在职场和家庭中奔波忙碌的妇女们，也都在思考和应对着。因此陈衡哲的小说，即便在今天，也依然具有现实意义。

陈衡哲对妇女问题的关注一直没有中断。1935年，45岁的陈衡哲用英文书写了自己的早年自传——Autobiography of A Chinese Young Girl，这部颇有文学色彩的自传，道明了一个女孩婚前的成长经历，语言、对话和思想都颇有意味。本书从她这部早年自传中选择了不少经典表述，作为标题之下的题引。在笔者读过的所有关于陈衡哲生平的文字中，陈衡哲本人的自传最为生动与传奇。

在这部自传中，第一章以《扬子江与大运河——一个寓言式的序曲》为题，书写了大运河和扬子江的对话。1924年，陈衡哲曾以《运河与扬子江》为题，以散文诗的样式，表达了扬子江的"造命"精神。自传重提大运河与扬子江，表明扬子江在陈衡哲心目中就是"造命"的象征。序曲的最后，扬子江歌唱着流入东海：

> 泪是酸的，血是红的，
> 生命的奋斗是彻底的！
> 生命的奋斗是彻底的，
> 奋斗的生命才是美丽的！

在陈衡哲的文学词典中，在陈衡哲自己的人生词典中，造命、奋斗是她总结出来的核心词汇！

作为中国最早的现代女作家，文学不是她的当行本色，但文学梦却是她终身的追求。

她的天赋、早慧与奋斗精神，使得她在现代文学丛林的漫步中，赶了个大早。

她，是胡适最早的同志，也是中国现代文学的先驱。

十二、杏坛学者

作为中国第一位女教授,在一个没有任何借鉴的中国语境中,陈衡哲的杏坛之路注定会充满着不可知的变数!

在陈衡哲迈上大学讲坛之时,中国的高等教育才发展了区区20年。我们的高等院校跟国外的一流大学相比,即便在今天,也有很大的差距。何况陈衡哲所在的,是那样兵荒马乱的时代!

无论是学校的硬件设施还是软环境方面,北京大学和刚刚成立的中华民国一样,都在风雨中探索着。

1920年9月,30岁的陈衡哲第一次走上北京大学的讲坛。用今天的话来讲,陈衡哲是中国第一个官方派出、学成归来的"女海归",她的课自然吸引了不少的学生,再加上陈衡哲有极好的演讲才华,开始的课,她上得很顺利,很成功。

代行北大教务长的老友胡适自然十分高兴。为使陈衡哲进入北大,胡适确实动了脑筋。自古以来,中国讲坛上站着的几乎都是男性,更何况国家最高学府的大学老师呢?

陈衡哲赶了个巧,摘了个中国第一女教授的桂冠,不容易。

当老师的一般都会有这样的体会:老师传道、授业、解惑,说起来好听,实际上日常组织教学,需要极大的智慧,更要耐得住寂寞,经得起考验。这里的考验,主要就是面对怠惰的学生,该如何引导的问题。

未名湖及博雅塔

有的学生上课光图个新鲜，三分钟热度一过，他便如坐针毡，比热锅上的蚂蚁还要难受。

距离产生美，每周都有的近距离接触，让学生们开始审美疲劳了。

有人说，世界上只有不会教的老师，没有教不好的学生。这样绝对的结论，是理想主义给教育灌的迷魂汤。我们如果都清醒一点，就应该明白这个道理：教师不是万能的！

陈衡哲新开的课中有一门戏剧课（drama）。戏剧课有情节、有故事、有冲突，本来确实比较有意思。再加上一开始师生双方都很认真，所以陈衡哲很享受初为人师的乐趣，上课一个多月以后，她写信告诉胡适：

> 我最喜欢的是 drama（戏剧），预科也很有趣味，他们的年纪还轻，脑子还很 receptive（善于接受），我现在很想 inspire（引导）他们一点求学问的精神……

从这封信上可以见出师生双方的互相尊重。为师的一方，极负责任；学生那一方，上课积极主动，给陈衡哲留下了很好的印象。

可是不久，到了1920年11月初，最喜欢上戏剧课的陈衡哲却写信告诉胡适，现在她对学生失望透顶，要罢教戏剧。

> 今天上drama(戏剧)课的时候，问学生读了上次的assignment(指定作业)吗？六七十个人中间只有四五个人举手，这是已经第三次如此了。我想在课堂上和他们议论议论剧中的意思，但是他们一定不肯先读我还能做什么事呢？
>
> 我近来对于休息一事，觉得十分重要——看了你的病，更加使我自警——但是总是劝自己牺牲些罢。但是现在什么样？……我觉得实在犯不着为着那班怠惰的学生，牺牲我应得的休息。所以我现在决计不教drama(戏剧)了。……我想我若因为他们怠惰所以不教书，或者可以唤醒他们一些自觉心。这也不纯是无益的事。

陈衡哲罢教的决心很强硬，甚至欲以罢教的方式来唤醒学生的自觉意识。

客观地说，陈衡哲这样的理由无疑是不恰当的。学生的怠惰其实有多方面原因。一方面是懒，另外一方面，也跟学校资料不足相关。

陈衡哲历来反对填鸭式的注入教育，她既希望学生有查阅资料、独立发现的能力，也希望学生能够开动脑筋，在课堂上积极参与讨论。遗憾的是，资料的缺乏加上学生的懒惰，陈衡哲开展的西方式课堂教学遭遇了挑战。她忍了一两次，好言相劝，可结果于事无补。第三次她忍无可忍，终于写信给胡适，提出弃教之意。

收到这样的信，胡适真是忧心如焚。他在心里暗暗叫苦。我们不妨以当代年轻人的口吻这样猜测他的叫苦："姑奶奶，你以为北大是你家呀？说来就来，说走就走！"

此时的胡适，正如陈衡哲在信上所说，生病了，而且还不是小病。所谓"休息十分重要"，有一部分原因就是指胡适的病。胡适回国之后，东奔西走，忙忙碌碌，忙着著书立说，忙着政务，忙着演讲，一刻都不得闲。一来二去，才29岁的胡适病倒了。作为新文化运动的主将，又在美国生活过七八年，病了自然就去看西医，结果西医告诉他，他得了糖尿病，且到了晚期，无药可治。后来在朋友们的反复建议下，他去名中医陆仲安那儿看，最后服黄芪汤，终于治愈。陈衡哲去信之时，胡适正在养病。

胡 适

好脾气的胡适赶紧去信安抚陈衡哲，并委婉地批评她"性急""任性"。

接信的陈衡哲很有些委屈。她此番准备弃学罢教，主要是因为学生怠惰，另外还有一个不为人知的原因——她怀孕了，以有孕之身为一帮不用功的学生牺牲，这在陈衡哲来说是不可能的。

家庭和事业的矛盾第一次出现了。身体本来就有些柔弱的陈衡哲，由于生理上的原因，加上学生的懒惰，终于力不从心。

任鸿隽知道了陈衡哲怀孕之后，从丈夫的角度讲，自然体谅妻子的苦衷。他曾说自己要做一个屏风，为陈衡哲遮风挡雨。现在自己要做爸爸了，自然当仁不让。他赶紧跑去找胡适，把陈衡哲怀孕的情况告诉他。胡适知道了之后，左右为难，最终还是答应另外找人代课。

陈衡哲写了封信感谢胡适，同时又为自己辩解：

你带了病写那么长的劝告信给我，我就是不怕被你的夫人责怪，也觉得十分抱歉——也十分感激。

但是你未免有些误会我的意思了。你先有了一个 A prior（优先）的意思，疑我性急，所以我的行为都像是性急的结果。我的性急我自己也承认是一件大病。但是这件事，实在不是性急的结果。那学生的不肯读书是一个 occasion（偶然）。其实我有其实在不能不减少钟点的需要——这一节待见你的时候再仔细说罢。

……

请你莫再疑心我完全是个"任性"的人，我若"任"我的"性"，北京大学的书，我一天也不愿再教了。这是实话，你不信问叔永。

陈衡哲又坚持了一段时间，最终还是因为身体不便，向校方辞教待产。

中国第一女教授因孕而辞教，这在当时既是一种遗憾，也是一个无法解决的矛盾。无论是陈衡哲还是胡适，都觉得无能无力。胡适在日记中这样写道：

莎菲因孕后不能上课，她很觉得羞愧，产后曾作一诗，辞意甚哀。莎菲婚后不久即以孕辍学，确使许多人失望。此后推荐女子入大学教书，自更困难了。当时我也怕此一层，故我赠他们的贺联为"无后为大，著书最佳"八个字。但此事自是天然的一种缺陷，愧悔是无益的。

女性怀孕与生育，被深受西方教育熏陶的胡适看作是一种"天然缺陷"，社会上的其他人会是什么样的态度就更可想而知了。对于陈衡哲自己来说，一个不甘平庸的女子，遭遇的压力自然更大。

陈衡哲因孕辞归之后，开始思考妇女、家庭与职业发展问题。如果说她青少年时期的独身主义还带有盲目性的话，她现在思考独身与家庭问题，毫无疑问，更增加了自己的切身体会。

她梳理自己的成长经历，发现自己一直在否定中前行着。

不愿意裹脚，不愿意跟父母去四川，不愿意学医，不愿意按父母的意愿嫁人，不愿意独身。然后，学上了，国出了，婚结了，家有了，工作有了又别了，孩子也有了！以后的路该怎么走？"洛绮思的问题"到了自己这儿该怎么解决呢？陈衡哲长期思考之后，写了这样一篇文章：《女子教育的根本问题》。在这篇文章中，她认为，一个有天才的女子若想结婚成家，只有三条路可走：

第一，牺牲了自己的野心与天才，以求无负于她的家庭与儿女；

第二，牺牲了儿女与家庭，而到社会上去另做旁的事业；

第三，同时顾全到家庭、儿女以及女子自身的三个方面。

那么什么样的女子能够选择第三种道路呢？"大抵是个性甚强，责任心甚重，而天才又是比较高明的，因为她们不肯牺牲任何一方面，故她的内心冲突是特别的强烈与深刻。"

这是陈衡哲从切身体验寻求到的女子发展之路。她自己正是这样做的。

因此陈衡哲后来在学校授课，一般只上三节课，以便一方面为自己腾出一些时间照顾家庭，又给自己留出一些时间从事研究。

谁能体会到为了这个"兼顾"，顾到家庭、儿女与自身，陈衡哲经受了怎样的内心冲突？从1921年到1925年，陈衡哲生养了两个女儿，任以都与任以书，同时还编著了中国第一部《西洋史》。当《西洋史》下册编好之后，二女儿也出生之后，任鸿隽致信胡适：

这个小孩子，同莎菲的《西洋史》下册差不多是同时长成、同时出世的。莎菲的书稿在两星期之前方才寄出。在未寄出之前，我们大家还尽管猜书与小孩哪一个先出世，但是这个赛跑，终究被书赢了。所以我想给这个孩子一个小名叫"书书"，你说好吗？

带着在生孩子之前一定要完成书稿的责任感，陈衡哲对自己很"狠"，对刚刚4岁的大女儿任以都很"狠"。多少年后，当任以都接受台湾学者采访时，她对此还记忆犹新：

> 在我年纪还小、大概刚开始记事的时候，我们家还住在南京，我就知道家母每天从早餐到午饭前这一段时间，固定待在书房里，谁也不准去打扰她。有一天早上，我想找她玩，那时她还怀着我妹妹，又在赶写西洋史，一定要在孩子出世前把稿子赶完，交给商务印书馆。我明知道不该打扰她，又想要她陪我玩，就一直敲门，一定要她出来；结果惹得她大发脾气，吓得我大哭一场。经过这次教训，我牢牢记住：妈妈在书房的时候绝不能去找她。

创作的艰难，有时候其实还不在时间或者空间，而在于心境。任以都以为艰难的是自己在非正常的时间和空间里打扰了母亲。其实就陈衡哲本人的研究来讲，我以为更难的，是她如何在教学、家庭等各种纷扰中去寻得一种心境。打开《西洋史》，我在序言中看到这样一句话："此书的生命，和下册一样，都是在枪声炮影中得来的——前者作于内战的四川，后者作于齐卢战争时的南京。初不料到在那样情形之下所作成的书，尚能得到如许的读者……"这里的齐卢战争指的是江浙战争。1924，直系军阀江苏督军齐燮元与皖系军阀浙江督军卢永祥为争夺上海，集重兵于昆山附近，兵刃相见。

在战争期间读史、著史，使陈衡哲对于战争与历史有更深切的理解，她说："战争是一件反文化的事。但同时，我又信战争是一件可以避免的事。避免的方法虽不止一端，然揭穿武人政客的黑幕，揭穿他们愚弄人民的黑幕，却是重要方法中的一个。我们研究西洋历史的人，对于这一件事业，尤其觉得负有重大的责任；因为我们至少应该使人们知道，国际的混乱状态，不但不是西洋文明的精神，并且是他的一个大缺点。"

因此，陈衡哲的《西洋史》，在她看来，希望帮助青年们，"去发达他们的国际观念"，减少人类的误解，增加人类的谅解和同情。

以史为鉴，增进沟通，减少战争，是陈衡哲著史的宏愿。

《西洋史》上下两册作成之时，陈衡哲还同时写出了《文艺复兴小史》《基督教在欧洲历史上的地位》《国家教育与国际教育》等其他小著与论文，写出了《洛绮思的问题》《巫峡里的一个女子》《孟哥哥》等文学作品。

战火、稚女、家务、教学，纷扰不断，然还在艰难的环境当中兢兢业业，笔耕不辍，相信这样的定力，确非寻常女子所能做到。其内心冲突的强烈与深刻，自然只有陈衡哲自己知道。这种兼顾家庭与职业生命的平衡之行，给后来不甘随波逐流的女子提供了一个榜样。

在教坛时，生育与教学难以两全。做学者时，陈衡哲松了一口气。好在，做学问，可以在家。

从1920年海外归来，到1925年5月份《西洋史》完稿，陈衡哲用了5年时间，完成了一个教授、学者身份的转变。如果说教授的头衔还可以凭借着学历与幸运的话，那么，学者头衔，就只能凭借货真价实的著作了。《西洋史》，能否证明陈衡哲呢？

读者如果有所怀疑，就去读一读《西洋史》吧。在笔者所接触的中国学者所著世界史作品中，我最喜欢这一部，尽管时代在变，现代学者的素养在提高。

陈衡哲这部著作的特色在于，其文采和趣味、思想和创新，独树一帜。

例如讲到希腊因城邦的发展，社会发生了重大的变化时，她这样描述：

> 此时国中的农民，因被贵族的欺凌，日益贫苦。有饭吃的变为穷人，穷人就卖田卖身，成为贵族的奴隶。但这个情形岂容长久？希腊的地势，本来是港湾罗布，交通便利，现在却成为那些农民的惟一生路了。于是走！走！走！他们有向东走的，有向南走的，也有向西走的。他们无论走到什么地方，都可以遇见他们同乡人的商站；他们便住了下来，把那些希腊商场变为希腊殖民地。国内贵族的压力愈大，农民离国的也愈多，而希腊的殖民地，因此也就布满了小亚细亚的东

> 南岸、黑海的各岸、以及地中海的北岸；而爱琴海及克里克里特岛就更不消说了。意大利的文化也是在此时下的种子；而那个在小亚细亚沿岸的爱奥尼亚（Ionia），又是与后来希腊的文化极有关系的。①

陈衡哲通过形象的描述，告诉读者，城邦是失地农民迁徙而汇聚形成的，希腊文化也是在农民迁移过程中传输的。经济、文化的发展与传播，进一步带来社会的变化。

在陈衡哲的这部著作中，思想和独创的识见同样遍布在作品的字里行间。

例如，"武力的胜利在一时，文化的胜利在永久。""历史不是叫我们哭的，也不是叫我们笑的，乃是要求我们明白他的。我们研究历史时，应该采取这个态度。成人的行为，决计不能与小儿一样；我们不曾因为成人不吸乳，便讥笑小儿的吸乳。历史也是如此，上古人和中古人的行为，在今人眼光中，有许多是奇怪可笑的，有许多是可骇的。"

陈衡哲以一种文学家的笔法，以一个面向儿童、学生的视角，简明扼要、生动有趣地介绍西洋史，将纵横交错的历史线索、国与国之间复杂的关系，梳理得一目了然。这部以中学生为阅读对象的历史著作，确实符合中学生的阅读兴味。这种"史中有文，文中有史"的写法在历史学家中别具一格。所以胡适说："陈女士是喜欢文艺的，所以她作历史叙述的文字也很有文学的意味。叙述夹议论的文字，在白话文里还不多见。陈女士在这一方面的努力，很可以给我们开一个新方向。"② 当代欧洲史学者陈乐民也说，"我说句大话，到现在为止，中国人写的《西洋史》当中，我还没有见到比这本书写得更好的。"③

看了陈衡哲的作品，不能不说，她作为中国第一女教授——有个性，作为

---

① 陈衡哲，《西洋史》，中国大百科全书出版社2011年版，第60页。
② 胡适，《介绍几部新出的史学书》，《现代评论》第4卷91～92期。
③ 陈乐民，《欧洲文明十五讲》，北京大学出版社2004年版，第5页。

第一个著述西洋史的女学者——有特点。她的身上充满了挑战的快乐，充满了活泼的个性，充满了新奇的故事。而她的文字，哪怕是历史学专著，总是让人过目不忘。

……

在陈衡哲的学者生涯中，还有另外的光辉的一笔，令她再次成为一个前无古人的开辟者。

她曾经连续4次被选拔为太平洋国际学会（the Institute of Pacific Relations）的会议代表，参加了4次这种高规格的学术会议。

太平洋国际学会成立于1925年，以研究"太平洋各民族之状况，促进太平洋各国之邦交"为宗旨。这个学会在中国区域筹备时，任鸿隽和陈衡哲都参与了准备工作。中国筹备会确定，每次出席太平洋国际学会的会员名额为12个，其中女会员2名。本来第一次太平洋学会会议陈衡哲就有望参加，但她当时正怀着第2个孩子，即将生产，只好放弃。后来，1927年、1929年、1931年、1933年，她都因为学术上的成就，顺利当选为会议代表，先后参加了在美国檀香山、日本京都、中国上海、加拿大班府的太平洋学会会议。

出入国内外的这种高层次学术会议，对个人的家国责任感和学术水平的提升是毋庸置疑的。每次参加会议，陈衡哲都或准备论文，或准备论著，以期在国际会议上发出中国女性代表的声音。当然对会议组织过程中存在的问题，陈衡哲也当仁不让地提出自己的意见。例如她在1927年会议结束以后，写了一封致太平洋国际学会中国支部的信，对会议代表选拔、财务开销提出自己的意见。1931年，陈衡哲等人主编了一本《中国文化论集》。1933年参会之后，她又与胡适一起回访母校瓦沙大学，并发表演讲。

文史兼通的陈衡哲在参会之余必将心得付诸笔底，或写成政论文章，忧国忧民，或写成诗文小品，直抒胸臆。美加之行结束以后，她写了一篇《回到母校去》。檀香山之行，她留下了一首小诗，诗云：

风微微

雨霏霏

是海国迷人天气

更兼瑶草奇花

漫山遍地

玲珑楼阁

云中涌起

这情景

若非梦中见

定应是画里

胡适评价陈衡哲,说她"身上每一个细胞都充满着文艺气息",真是一语中的的知音之见。

十三、贤母良妻

一个女子，一辈子到底该怎么过？在人生的关键期，到底怎么选择？

我相信，这些问题，陈衡哲18岁决定独身之后，到30岁结婚之前，肯定不止一次地思考过。独身以后，她反悔了，她结婚了。结婚以后，她后悔过吗？

关于独身与否的问题，我们可以看一首诗——《一个女尼的忏悔》。作这首诗时，陈衡哲已经结婚并育有一女。

> 我不住的添着香，
> 想隔断那花香的来路；
> 我急切的敲着木鱼，
> 想把那庵外的鸟声止住。
>
> 但是浓浊的香味，
> 死呆的声响，
> 总敌不了那鸟和花，
> 总阻不了他们来挑拨我的心浪。

> 我只得急念着佛，
> 哀求那佛爷的援助；
> 但心浪涌得太高了，
> 就是佛也不能压他下去了。

> 我该忏悔了，
> 我不该辞了那庵外的明美世界，
> 来过这庵里的涩暗日月。
> 我该忏悔，
> 我应该忏悔

在这首诗里，一个庵中女尼，面对庵外春光，心乱如麻，烧香、念经、拜佛，终压不住纷乱思绪。女尼最终后悔并忏悔，"不该辞了那庵外的明美世界，来过这庵里的涩暗日月。"以明美和涩暗对比庵内外的生活，当然是一种隐喻。现实生活中，女尼有行走的自由，是可以享受庵外的自然春光的。这里的庵外春光当然不是指自然界的春光，指的是女尼没有体验过的男女爱情，还有世俗生活。

女尼的忏悔跟《牡丹亭》里杜丽娘的游园颇有相似之处——原来姹紫嫣红开遍，似这般都付与断井颓垣，这庵内的涩暗岂不就是断井颓垣？

女尼的忏悔？独身的忏悔？

在陈衡哲早年生活中，她曾经选择过独身，她在瓦沙大学念书时所认识的一个知名女教授是独身，在她自己的生活中，丈夫任鸿隽的三姐任心一是独身。她幼年的记忆中，"望门寡"堂嫂是独身，不过她守贞一年抑郁而死。陈衡哲告别独身，并不是他人的劝告，而是自我的重新审视与选择，没有享受过爱情的甘美和家庭的幸福，曾经坚定不移的独身主义者怎会抛弃自己的独身主义呢？

在《居里夫人小传》中，陈衡哲这样说道：

> 天才虽然不受物质环境的支配，但精神上的恬静和慰乐，尤其是夫妇间的契合与协作，却是成就天才的一个重要条件。[1]

这是陈衡哲对于居里夫妇的描绘，也是自己的切身体会。个人对事业的追求与和谐的夫妻关系，相得益彰，各自的生命将会因此而呈现出一种喷发和光华的状态。

陈衡哲期望天下的女子都有一个健康、完满的人生。因此，《一个女尼的忏悔》意在告诫那些试图独身的女子，独身是一种违反人性的选择，女子们不要误入歧途，别忘了"庵外的春光"，别像这个女尼一样。

曾经苦苦纠缠过的独身与否问题，陈衡哲最终给了我们答案。从思想和行为上，她选择了婚姻，并义无反顾，从未后悔。

那么，一个女子的终极价值在哪里呢？好奇心特别强的陈衡哲对一个理想女性的人生价值如何期盼呢？

居里夫人

居里夫人和她的丈夫皮埃尔·居里

---

[1] 《陈衡哲散文选集》，百花文艺出版社2009年版，第149页。

再看看另一首诗,《送给素斐》。素斐是胡适的女儿,凝结着胡陈之间特别的友谊。胡适曾经说过要作一首诗送给女儿,可由于太忙而不了了之,但陈衡哲却写了,现摘引如下:

> 我对于你的希望
> 是和我自己的女儿一样
> 是希望你也做一颗明星
> 去照引黑暗中摸索的灵魂
> 使你生后的世界
> 比了你生前的世界
> 更为美丽光明
> ……
> 我更祝你具有一副悲天悯人的心肠
> 好给这个世界加深些和蔼之光

陈衡哲对于一个女儿的期望,当然也是她对于自己的期望。这首诗里,陈衡哲期望素斐"照引黑暗中摸索的灵魂",能够让这个世界变得更加美丽、光明、温馨。

这样的期望,素斐最后没能做到,因为她死得太早。而素斐的阿姨,她名字的来源人——莎菲,做到了。

知易而行难,但陈衡哲还是做到了。如前所说,从1920年到1925年,陈衡哲不仅生育了两个女儿,而且出版了专著,创作了不少诗歌、散文和小说。

按照其开始几年的工作情况,陈衡哲理当在进入盛年之后,给人们带来更多的创作和研究成果,然而检视其生平,我们发现,她在进入盛年之后,无论是文学创作还是历史研究,再也没有给我们带来惊喜。一个曾经要在家庭和事业之间兼顾的女教授、女作家、女学者,为何在20世纪三四十年代以后渐渐淡

后排左起第二人为赵元任

出了人们的视线?

原因当然有很多,年龄、战争、家务等等。但我以为最关键的,还是她的观念和思想发生了变化。说起来,可能也好理解,人在年轻时,一往无前,追求自己的前途,而在成熟并平静之后,对人生的思考更为全面,努力目标也就会有所改变。在《说中年》这篇文章中,陈衡哲说中年是少年与老年所不及的,因为中年是已经饱饮过人生之酒的——无论他是苦酒或是甜酒,或是甜酸苦辣的酒——故注意力集中于自己的倾向,大抵能比少年清淡。对于陈衡哲来说,她在三个孩子先后出生之后,对自己个人事业的关注开始减少,对自己的母职、妻职越来越强调。

陈衡哲思想转变的原因,一方面是自我的成熟,另一方面,也和素斐之死有关。

素斐是胡适的女儿,胡适夫妇和陈衡哲夫妇对她期望很大,大家都希望她将来能像陈衡哲一样聪明好学,出国留学。可惜素斐5岁时,因为胡适夫妇照看不周而生病,后来多次病危,最终不治身亡。胡适和任陈夫妇谈及素斐之死,一直心怀愧疚。1927年,素斐夭折两年之后,胡适在美国还做梦梦到她,眼泪

陈衡哲家书片段

哭了一枕头，觉得"自己把她糟掉了，真有点罪过"。

素斐的死，以及胡适后来对家教的反思，对陈衡哲触动很大。胡适收入丰厚，家里有佣人、奶妈，素斐并不缺衣少食，她的去世是父母疏忽所致。如何教养孩子，成了陈衡哲后来思虑很深的问题。贤妻良母这个词，到了陈衡哲这儿，顺序倒了——贤母良妻。

她说："女子不做母妻则已，既做了母妻，便应该尽力去做一个贤母，一个良妻。"

为了做一个贤母，一个良妻，陈衡哲转移了对自己职业的关注，多次放弃了任职和教学机会。她先后拜辞过南京金陵女子大学中文系主任、光华大学历史系主任职务，向北京大学、东南大学、北京女子师范大学、四川大学提出过辞教。一而再再而三地离开大学教坛，既是迫不得已，也是心甘情愿。她说：

母职是一件神圣的事业，而同时，它也是一件最专制的事业。

你尽可以雇人代你抚育和教养你的子女，但你的心是仍旧不能自由的……世界上岂有自己有子女而不能教，反能去教育他人的子女的？又岂有不能整理自己的家庭，而能整理社会的？易子而教是可以的，请一位家庭教师或是保姆来分工，也是可以的；但精微的母职，却是无人能代替的。儿童的智识，你尽可以请人来代授，而儿童的人格，却是必须由你做模范的。①

上面的一段文字中，提到了一点——"心的自由"，这是做母亲的切身体会。1929年，陈衡哲想去日本参会，但不放心孩子，她给任鸿隽的三姐任心一写了一封信。

三姊：

近来我的事太忙了……今秋日本之会，我十分想去，但家中太没有人了，小孩子不放心。你如肯先来，俾我能得到一点自由，那真是感激极了。万一你一时走不开，锡三能先来吗？听说她有陪你来此的意思，那何不早来一两月，帮我一点的忙呢？……

事业和母职的矛盾一直存在于陈衡哲的生活中。其实她的家里也请了佣人和奶妈。但她认为，别人只能代行衣食住行的职责，而没有履行良好教养的基础。日本京都之会，任氏亲属没能如陈衡哲期望的，赶来帮忙。待她参会回家，大吃一惊，她写信告诉胡适说："……回家之后，可不得了。保姆走了，两个老妈子也就要走，加之万象混乱，竟和中国现在的情形差不多。"更令她失望的是，女儿任以都现在小小年纪，却养成了颐指气使的习惯，开个灯、拿个书包都要佣人动手，一不如意就大哭大闹……

母亲的缺席仅仅几个月，而女儿居然变了个人，这不能不进一步激起陈衡哲对于母职的思考。

---

① 《衡哲散文集》（上），开明书店1938年版，第147～189页。

母亲是文化的基础，精微的母职无人能代！

她这样说，她又如何去做呢？

从她的大女儿任以都的回忆里，从她留下来的各种文字里，我们可以看到她的成长历程，以及很多值得今人借鉴的经验。

在陈衡哲看来，贤母良妻是一个女子的职责，但并非是一个女子终身的追求——尽管陈衡哲自己努力去做贤母良妻，她的认识却与一般的贤母良妻不同。有一次任以都跟母亲聊天，说到一个女子即便不外出工作，相夫教子做得好，也算有成就。不料陈衡哲大不以为然，将女儿足足训了一个钟头，说她没志气。任以都差不多被训哭了，但从此她明白了，不能把相夫教子作为女子的努力目标。

在这方面，让任以都印象更深的，还有一件事。当时赵元任先生的太太杨步伟女士，亦曾出洋留学，更自办医院，是新女性的杰出代表，但最后还是走回家庭，放弃了自己的医学专长，陈衡哲和杨步伟关系很好，她心直口快，"明确反对赵伯母放弃行医，当一名单纯的家庭主妇。"陈衡哲的这些观念深刻地印在了任以都的脑海里，所以她在求学、工作和结婚以后，也从不以贤妻良母作为自己人生的唯一目标。

日常生活中，陈衡哲对孩子的教育把关很严，出来见客也好，休闲娱乐也好，都要遵守一定的规矩。出来见客，一定要穿戴整齐，行礼要落落大方。大人开会聚会，小孩要呆在自己的房间里完成功课。平常看电影，一定先经母亲审查，看看这部片子有没有教育意义？对儿童的身心是否有不良影响？例如《埃及艳后》这样的电影有历史意义，可以看，但流行歌舞或过度渲染欲望的影片，宣扬嬉皮士的影片，内容不严肃的影片，绝对不许看。而且不管到哪里看电影，一定要有人陪同，不得单独行动。

陈衡哲指导孩子该做什么，这是一般父母都能做到的。她的独特之处在于她知道自己不能做什么。

不能做的事之一："别教孩子他们不喜欢的东西，这只会让他们讨厌某个学科。这个教训是我从父亲那儿学来的,因为他从来没教会我任何我不喜欢的东西。"

不能做的事之二:"别教孩子不合适的学科或用错误的方法教合适的学科。"这个教训当然是她从那个算术老师那儿学来的。

这样的清醒,不是每个母亲都能做到的,陈衡哲为子女所做的当然不仅仅于此。

抗日战争爆发以后,为了给子女寻得一个相对安宁的教育环境,寻找一个有教育质量的学校,陈衡哲带着孩子们,跟孟母三迁一样,甚至比孟母三迁更为艰难,在境内外不断流亡。1937年,为了任以都的学业不至于因战火中断,陈衡哲带着儿女辗转从庐山、汉口、广州来到香港,将女儿送进了英国人办的St. Stephen's Girls' College(圣史蒂芬女子学院),从这所学校毕业之后,任以都考到了西南联大。西南联大名师荟萃,任以都进步很快。但是战争阴云不断,

1941年12月7日,日本偷袭美国珍珠港,太平洋战争爆发。

学生经常要在警报声中东奔西走或是停课躲避空袭。陈衡哲觉得在昆明上学还是没有保障，遂与母校瓦沙大学沟通，支持女儿去瓦沙大学。

女儿能进瓦沙大学，与陈衡哲的优秀密切相关。1933年，陈衡哲去加拿大参加太平洋国际学会年会，转道回访瓦沙大学。由于陈衡哲取得的成绩，瓦沙大学将她列为杰出校友，愿意为她的女儿永久保留奖学金名额。

1941年7月，陈衡哲带着三个儿女二赴香港，任以都自香港经上海，去往美国瓦沙大学学习。陈衡哲准备让任以书和任以安也在香港接受教育。可是12月7日，日本偷袭美国珍珠港，太平洋战争全面爆发，日军进攻香港，香港全面陷落，陈氏母子无奈，被困香港一年。一年之后，陈衡哲又带着两个儿女机智地逃离虎口，从香港登上法国轮船，辗转来到四川重庆，重新为孩子寻找上学的机会。

在战火纷飞、东奔西走的逃难历程中，陈衡哲所有的选择均围绕着孩子的教育。国难当头，丈夫任鸿隽主持的中基会工作从来没有中断。陈衡哲担负起母职之后，让丈夫解除了后顾之忧。曾经养尊处优的大学教授，在屡屡奔忙之中，无奈放下了笔，操起了厨房的刀。柴米油盐，精打细算。言传身教，买汰烧煮，耗费了陈衡哲大量的精力。

陈衡哲对家人的关心当然并不仅仅体现在她的孩子身上。作为一个深受大家关爱而成长起来的教授、学者，陈衡哲也在力所能及的情况下担任起家庭中的各种角色。任鸿隽公务繁忙，其对任家大家庭的责任大都是由陈衡哲代行的。现择信件一二，呈现陈衡哲早年婚姻生活中的简况。

三姊：

你的两封信都收到了。我在两月前才把《西洋史》的上册赶完，但已经赶得头昏眼花了。接着又还了许多零碎的文债，所以至今才能给你写信。

你们居在重庆的苦是可想而知的。大嫂、二嫂不容易下来，你为什么不来上海避避呢？上海固然不是住家的地方——烟气熏天、车声震地——但比了重庆总要好些罢。下月我们要搬到商务左近的宝光里去了，那里房间略为多些，你如下来，一定有一间小屋可以奉屈的。

寄上我在杭州照的一张小照，还有一张我们三人照的，叔永说已经寄予你们了。

玉林的书，叔永已打算另去买一本，前次寄书的人已经走了，大约他藏起了邮费，把书丢了。上海用人是要气死人的，这也是一例。

锡三、锡朋、锡光的信都已收到，读之极喜，望他们以后再多多写信。

大嫂的病好点了吗？我的腰痛差不多全好了，但仍经不起劳乏。小都事事都懂，样样能说了。《努力》附去一份，但不能完全了。

别的下次再谈，祝你们大家已经不在战争的范围中吃苦了。

三姊：

久未给你写信了，你知道我是一个多病多劳之人，所以一定能不见怪的。玉林和锡三的信都收到了，请告诉他们，仍望时时写信。

承你把围城的困苦情形告诉我，使我对于川湘的人民更加发生同情。月前江浙差不多也要打仗了，幸亏两省的绅士商人利害，呼号奔走了一个月才把这场战祸免掉，这是我们不能不感谢他们的。

前次寄去《晨报》增刊一册，已收到了吗？《努力》周刊已经停办，现将改办月刊，将来出版后再寄给你看。

当叔永在美国对我提起结婚的事的时候，他曾告诉我，他对于我们的结婚有两个大愿望。其一是因为他对于旧家庭实在不满意，所以愿自己组织一个小家庭，俾他的种种梦想可以实现。其二是因为他深信我尚有一点文学的天才,欲为我预备一个清静安闲的小家庭,俾我得耑心一意的去发达我的天才。现在他的这两个愿望固然不曾完全达到,这是我深自惭愧的一件事;但我们两人的努力方向是不曾改变的。

……(以下部分残缺)

三姊:

上次接到你的信之后,尚未奉覆,又得到你阴历年底来信,欣悉一一,感谢得很。北京今年冷极了,听说乡园百花茂盛,不禁心向往之。玉林订婚,请为我们道贺。喜期定在几时,请尽早示及。我的四妹也由我们的介绍上月和余上沅君结婚。五妹(即是周宜甫的媳妇)也即要结婚了。天下祸乱相仍,幸有新娘子们来开心笑,不然更是愁云四塞了。

听说大嫂患病吐血,叔永和我均甚相念。寄上洋二十元,系我寄给大嫂买点补物吃吃的,礼轻意重,请她不要见笑,收下了罢。听说锡光生痧,想已痊愈。

又附去小照一张,乃是新年初一所摄的。书书是一个极顽皮的孩子,再没有姊姊老实,你看小照便知道了。小都现在天天习字,寄上一张给孃孃看看。她又谢谢三姊给她的书笺。锡三写的信很有进步,以后可再多写些信。我们前次要爷爷、妈妈的像,是为的在过年的时候,好供些花果,并且令两孩拜识拜识先人。家中如有,望仅今年之内寄一张为盼。匆匆不尽,下次再谈。①

从这些信件可以看出,陈衡哲与任鸿隽结婚以后,尽己所能,尽一个为人

---

① 《任鸿隽陈衡哲家书》,商务印书馆2007年版,第98~100页。

妻母应尽的责任，并非不食人间烟火、不通人情世故的世外仙人。任鸿隽之侄任百鹏去世之后，任百鹏三子任尔宁，就是由任鸿隽、陈衡哲抚养长大。任尔宁生活和学习费用悉由任陈二人负担。任鸿隽去世之后，这样的扶持也一直继续。

陈衡哲的入世情怀，还有方方面面的辛劳，促进了她子女的成人成才。当多数孩子因为战乱而失去了入学机会、耽误了学业之时，她的三个孩子，在她颠沛流离的带领下，学业

胡适全家福

得以继续，语言基础良好，最终全部获得了赴美学习的机会。大女儿任以都获得哈佛大学历史学博士学位后，进入宾夕法尼亚大学，后被聘为终身教授，是第一个获此殊荣的华人女性。20实际60年代，深受两种文化熏陶的任以都和丈夫孙守全合作，将中国明代的科学启蒙书籍《天工开物》翻译介绍到西方。小儿子任以安1955年获得哈佛大学物理学博士学位，1959年任美国华盛顿地质调查局研究员，1992年任全美地质学会会长。二女儿任以书，由于身体原因及照顾父母的方便，从瓦沙大学毕业后回到中国，在上海外国语大学担任大学教授，80年代重返美国后，在母校瓦沙大学担任翻译工作。

与陈衡哲的三个孩子相比，胡适的三个孩子，除了大儿子胡祖望上了大学，后来成为机械工程师外，女儿素斐早夭，小儿子胡思杜逃学赌博，不服管教，在美国8年转了2所大学也没能毕业。1950年，胡思杜在香港《大公报》发表

了《对我的父亲——胡适的批判》，令胡适为天下人耻笑。1957年"反右"期间，胡思杜自杀身亡。

从陈衡哲的孩子和胡适的孩子不同的成长情况可以看出，三从四德的无才女子不一定就能做成贤母良妻。陈衡哲骨子里是一个现代女性，但她对精微母职的理解远远超越了相夫教子的传统女性。这也是胡适晚年对自己秘书说过的话：娶太太，一定要受过高等教育的；受了高等教育的太太，就是别的方面有缺点，但对子女一定会好好管理教养的。

这样语含酸楚的人生总结是一份迟来的清醒。说这句话的胡适还不知道小儿子胡思杜已经自杀身亡。胡适自己的事业成功，并不能掩盖他婚姻和家庭的失败。"胡适大名垂宇宙，小脚夫人亦随之"，民国时代的婚姻奇闻让胡适光彩的人生，有了一份不协调的灰暗。胡适去世后，蒋介石给他盖棺定论："新文化中旧道德的楷模，旧伦理中新思想的师表。"

从陈衡哲和胡适各自的家庭教育来看，和谐的婚姻关系，文化素养优良的父母，对孩子的教育与成长更加有利。

陈衡哲教子教女的成功让今人有感而发：娶妻当娶陈衡哲，哪怕才高盖过夫。

十四、乱世屏风

任鸿隽是陈衡哲的终身伴侣,伴随陈衡哲走过了41年的风雨人生。

青年时期的任鸿隽向陈衡哲求婚之时说过一段令人动容的屏风之言,他说愿意挡在她和社会的中间,为中国来供奉和培养一位天才女子。

这是哗众取宠的甜言蜜语,还是经得起风光和时光考验的千金诺言?

设想一下,如果陈衡哲的身边不是任鸿隽而是好事之徒推测过的胡适,陈衡哲的人生将会有怎样的改写?

——历史没有如果,只有真实,还是让我们走近陈衡哲人生中遭遇过的两次风波吧!

1934年,44岁的陈衡哲和任鸿隽结婚已14年,育有一子二女。在此之前,陈衡哲参加过国际太平洋年会4次,开中国女子参加高层次学会之先河,出版了《小雨点》小说集和《西洋史》等著作。在家庭和事业正在走上正轨之时,这段相对平静的生活被一件让人难堪的绯闻所打破。

这年4月20日,一个名《十日谈》的杂志登载了一篇作者署名为"前人"的文章,题为《陈衡哲与胡适》。

> 女作家在中国文坛上露头角的,除了风头出得蛮健甚至家喻户晓的冰心、丁玲等几人外,陈衡哲女士,诸位也不应该把她错过的,如

果诸位读过她的《小雨点》《高中西洋史》的著作，我想对这位女作家，当有相当的认识。

她是一个将近四十岁的中年，美国前期留学生，去年曾二度出席太平洋学会，风头之健，固不亚于冰心。凡是读过她的小品文字（《小雨点》），我们对于这位女作家的周密细致，不能不致相当的敬意，我们更明了她是一个（对）哲学有研究的人，虽则她的书法，幼稚得和童蒙学生不相上下。

陈女士的外子，是中国有名的科学家任叔永——鸿隽——先生，她这（怎）样嫁给任先生的，是有一段可歌可泣的伤心史，大约他们永久不会忘记这个记忆吧！

当陈女士留学美国时，我们五四运动的健将胡适先生同时在美国留学，彼此以（已）都是中国留学生，相见的机会甚多，胡更年少英俊，竟给这位女作家看中了，要求彼此结为永久伴侣，但是胡适始终没有答应她的请求，在我们旁观者看来，对于自投送门的海外艳遇，是求之不得的事情，拒绝人家的好意，不是太不识趣么？但是我们哪里知道胡先生是还有另一番苦衷。

胡先生是旧式大家庭的子弟，对于婚姻也早就给母亲一手包办来的，在他未出国之前，胡适先生的老堂想先替他结了婚再出国，但胡先生没有答应，他愿意归国后成亲；然他的未婚妻就这样的怀疑着：留学生归国后，大多喜欢讨一位碧眼红唇的外国太太，哪里还有家乡的黄脸婆儿在他的心中呢！胡适先生对这层极力声辩："我胡适绝不。"这句话，总是不能绝对取信于他的未婚妻的？

他为了守这一诺之约，对于陈女士的要求，毅然的拒绝了，但是他觉得这是太辜负敬爱者的盛情厚意，所以把陈女士"负责"介绍给"他的朋友"任叔永了。

陈衡哲虽然和任先生结婚了，但是他们的感情，总还是澹澹的。

看到这样的文章，一般的男人可能会打翻醋坛子，暴跳如雷，或把报纸狠狠摔在妻子的面前，指责妻子让他颜面无存。或是，一怒之下，为堵众人之口，从此与胡适分道扬镳。外人的说三道四使夫妻、朋友情谊受损者比比皆是。无中生有的谣言往往具有相当的杀伤力，阮玲玉曾经留下一句"人言可畏"后撒手人寰。

任鸿隽、陈衡哲看了这样的文章，当然也非常生气，觉得就像行路踏着一泡狗屎，没有法子，只好自己把它洗除干净。但他们没有互相指责或是怨天尤人，而是采取正当渠道，积极消除谣言带来的影响。

作为当事人的陈衡哲和任鸿隽拿着报纸去找胡适，胡适当然也非常生气。这件事在旁观者看来，名誉受损的是任鸿隽和陈衡哲。但爱朋友如爱自己一样的胡适自然不会袖手旁观，他准备查查这个作者是谁，同时也写一份申明登在报上，澄清事实，消除报上的不实之词。

这件事最后以胡适在报上登载一份申明而告终，夫妻和朋友之情一如既往。这件我们外人看来聊胜于无的饭后谈资无论落到谁的头上，都会让他对妻子、朋友产生说不出来的警惕。胡适的夫人江冬秀一直检查胡适的所有来信。而在任鸿隽的家里，陈衡哲和胡适的通信与交流却并未受到影响。任鸿隽并没有草木皆兵，限制或者检查胡陈之间的通信，搞危言耸听的猜测。陈衡哲天才的发挥，依然如故。

要供奉和培养一位天才女子，说起来容易。落实到现实生活中，却会有许多的取舍。这样的取舍，有时要作出巨大的牺牲，这样的牺牲，不是每个男人都能做到的。

1935年，任鸿隽被教育部任命为四川大学校长。任鸿隽出生于四川垫江，对自己的家乡怀有深厚的感情，一直希望能为家乡尽一份自己的力量。1918到1919年、1922年，任鸿隽曾经两次回到家乡。第一次回家乡是想发展家乡的工业，为四川建钢铁厂，最后由于时局变化，不了了之。第二次回家乡，是带着陈衡哲和刚出生的女儿任以都，同样是考察家乡的钢铁厂计划有没有可能重启。

然而四川的政局如一潭死水，按照陈衡哲在《努力周报》上发表的文章《四川为什么糟到这个地步？》，"四川的'糟'，就是写一百页也写不完。简单说来，现在的四川社会，只有两个阶级，一个是吃人的，一个是被人吃的。吃人的又分为大嚼大吃的，和小嚼小吃的……"四川的落后与混乱，使得任陈的回乡之旅充满了失望。任鸿隽决定第三次回到家乡，并对此抱有极大的自我期许，希望通过改善四川教育的现状来改善家乡的落后面貌。

如前所说，陈衡哲在结婚以后，在发展天才和贤母良妻之间，一直力求兼顾。因此她和任鸿隽的家庭生活跟一般的家庭无异——夫唱妇随，反正陈衡哲有一肚子学问，走到哪里都可以走上讲坛，或是著书立说。因此，1935年的赴川之行，陈衡哲带上了两个孩子任以书和任以安随行。大女儿任以都留在北京上学。

任鸿隽走上四川大学校长之位，其抱负非常远大，在《五十自述》中，他如此写到：

> 使吾生当承平之世，得尸位一基金会之执行领袖，目击所办之教育文化事业，继长增高，日就发达，亦可以自慰于余年。顾自民国二十年秋"九一八"事变发生，全国命运忽然入于惊涛骇浪之中而莫知所措。吾乃自计，中基会之事业既已规模大备，此后虽有润色，后贤其必有为。内地鄙塞之乡，其有待于吾人之努力，必且较大都市之文化事业十百倍之。于是民国二十四年秋政府以四川大学校长见征，余遂毅然辞去中基会事务而就川大校长。

从任鸿隽此文看来，他此番赴川，以改变四川闭塞面貌为己任，是准备长此为家乡奉献的。

陈衡哲伴随夫君走马上任，又一次行走在长江之中。她像她的母亲曾经做过的那样，将见闻写成文章。不过她的母亲庄曜孚写的是《峡行日记》，她写的是《川行琐记》。十几年前陈衡哲写过一篇文章，说四川之糟，糟的原因是只有两个阶级——吃人的阶级和被人吃的阶级。十几年过去了，四川有了一些进步，比如交通方面，轮船比以前好，重庆到成都有了飞机。如果说开始的入川之旅还充满着回忆与兴奋，安顿下来以后，陈衡哲开始了对比和审视。

从一个学者和作家的角度，从一个有良知的公知角度来看四川，四川依然落后。陈衡哲和任鸿隽的不同之处在于，任鸿隽是亲力亲为，以实际行动改变闭塞之乡。所以任鸿隽新官上任即提出主政四川大学的两大目标——"现代化"和"国立化"，三大使命——输入世界知识、建设西南文化中心、担负民族复兴责任。任鸿隽期望通过一年努力，使四川大学发生三个变化——增加学生人数，新聘一批教授，改善校舍和教学面貌。任鸿隽说干就干，是个教育家和实干家。陈衡哲的长处是善于观察和思考，注重从现象入手提出问题，以便引起有识之士的警醒——陈衡哲是个作家和批评家。陈衡哲的《川行琐记》如实记载了四川的实际状况，也抒发了自己对四川落后状貌的感慨。

《川行琐记》为陈衡哲和任鸿隽带来了意料之外的麻烦。问题主要出在《川行琐记》中的第二篇文章《四川的"二云"》上。

《四川的"二云"》登载于1936年4月5日的《独立评论》。在这篇文章中，陈衡哲描绘了自己生活于四川的不便，批判了四川吸食鸦片的现状——走在路上，随处可见行尸走肉一般的鸦片烟鬼，有的家庭甚至以鸦片来招待客人。陈衡哲总结说，鸦

行尸走肉一般的鸦片烟鬼

片的烟云和天上的阴云，成了四川随处可见的"二云"，现在她明白云南为何叫云南了。既然四川总是阴云密布，因此所谓"云南"，就是"云天云地之南"了。她还以调侃的口吻，说"四川"的名字不很恰当，因为一省之中，川流何止千万，那能以"四"为限？倒不如把它改为"二云省"。除此之外，陈衡哲也对四川女学生作了批评，因为有些女学生不以作妾为耻，甚至信奉"宁为将军妾，不作平人妻"……

陈衡哲的这篇文章激起了川内外川籍人士的大力批评。南京具有川籍背景的《新民报》和成都的《新新新闻》报均刊载了大量批评陈衡哲的文章，声称陈衡哲所写的并非真正的四川。由于陈衡哲的文章提到女生作妾的情节，四川的妇女界人士亦大力指责陈衡哲对四川妇女的"诽谤"和"污蔑"。本来正常的时事批评，现在演绎成了作者和地方文化人士的对抗，一时间，针对陈衡哲的批评排山倒海，讽刺她数典忘祖，"当阔太太闹洋架子""炫耀我坐过飞机，我乘过汽车，我住的是洋房，我用的外国火柴，我呼仆而使侍者。"

随着攻讦的广泛和加深，任胡陈三者的关系又一次成为攻击陈衡哲的口实，说她是"恨屋及乌"，因为不愿意嫁给任鸿隽，所以对任鸿隽的家乡大肆发泄不满。一个署名为胡季珊的女生发表《致陈衡哲女士》的文章，说"我总不相信吃了海水的人，也会崇拜偶像。想做白话文祖师的如夫人，祖师看不起，又出让给冒牌许由。自己却做了玩物，还来骂人，丑死，羞也不羞？"

这边对陈衡哲进行口诛笔伐，陈衡哲冷眼视之，一概不予回应。那边任鸿隽的教学改革也遭遇了前所未有的阻力。任鸿隽要广纳名师，把四川大学建成现代化和国立化的一流大学，势必就要聘请一批知名教授，解聘一批思想守旧、教学方法落后的川籍教授，这些落聘的川籍教授将陈衡哲对川人的批评和任鸿隽解聘川籍教授联系在一起，致电南京的四川旅京同乡会，要求他们想办法阻止任鸿隽的解聘行为。四川旅京同乡会后来通过了"纠正陈衡哲、警告任叔永"的会议要案，声援这些落聘教授。

真是"一石激起千层浪"，本来实事求是的时论批评，最终却引发了一场对任鸿隽主持川大的声势浩大的围剿。

在这样的艰难之中,任鸿隽依然筚路蓝缕,决定继续坚持。为调谐矛盾,同时也声援陈衡哲,任鸿隽就陈衡哲的文章作出了正面回应,为妻子廓清不良影响:

> 陈衡哲女士此次四川游历,发表了几封致朋友的公开信,总名之曰《川行琐记》。她的目的只在记载个人的经历与观察。如其在行文中有所批评,也只是出于希望川人改良的意思,所谓言之者无罪,闻之者足戒。我们相信如其川人以虚心的态度和幽默的眼光来读,绝不至有发生误会的可能……

尽管任鸿隽试图改善陈衡哲在四川的心态并调和她与川人之间的矛盾,但陈衡哲却心灰意冷。她三次来川,每一次都伤心而去。第一次赴川是遭到父亲逼婚,第二次是四川时局混乱,第三次遭到川人的发难。失望之极的她要求任鸿隽力辞四川大学校长的职务。诚如她在《川行琐记》第4篇文章中所说,"一个受过教育者的最重要的品性,第一是自尊。他不能让一个在泥里打滚的人,把他也拉到泥里去。"在陈衡哲的影响下,任鸿隽也生出辞职之意。胡适知道这个消息后,写了一封长信,又亲自登门,力劝任鸿隽不要辞职。不过,不管胡适和其他友人如何劝解,陈衡哲一概不听。

陈衡哲和任鸿隽

陈衡哲的坚决最终让任鸿隽下了决心,他具文向教育部提出辞职。川大师生闻讯后,痛惜万分,文学院院长张颐与76名教授联名致电教育部和任鸿隽,挽留任氏留职。全体学生也召开大会,并致电任鸿隽:"本校自先生长校以来,校务蒸蒸日上,全校师生额手称庆。近闻先生忽将引退,群情惑然,现值本校正谋发展之际,尚非贤者高蹈之时,万恳早日回校主持校务,不独本校,亦国家民族之幸也。"①

在定夺去留之际,那个挡在社会和陈衡哲之间的屏风之言,言犹在耳,自己能否在陈衡哲遭遇人生冷遇之时陪伴在侧?是要江山还是陪才女?任鸿隽选择了后者。

这样的放弃,就任鸿隽而言,他从未后悔。自己于四川大学,鞠躬尽瘁,了无遗憾。

这就是任鸿隽的品性,他"生性淡泊,不慕荣名",四川大学校长之名,在他们夫妻眼里,皆如天之浮云。

陪伴一位文史兼通的天才女子,自己当然不会是一位俗人。才女的眼光和要求,远远脱俗于常人。不过这种脱俗绝不是庸常女子眼里的功名利禄,而是才、学、识兼备的个人素养、道德品位、力行精神。任鸿隽从16岁起,远离家乡,求学读书,投身革命,开创了中国科学社,为中国早期科学事业的发展尽心尽力。他淡泊名利,不图虚名,强调学以致用,绝不为一纸文凭空劳心力。在赴美同学纷纷为带上博士帽刻苦攻读之时,他考虑的是如何切实地改变中国的落后面貌。他说,"吾等当日向往西洋,千回百折,有不到黄河心不甘之概,固不在博士硕士头衔资格间也。"1918年从美国回来之后,他拒绝多所大学的教职邀请,而往返于广州、上海、南通、南京、北京、武汉、成都、重庆等地,考察全国的国情,走访各界名人,募集基金,组织演讲,宣传科学。作为中国科学最早的奠基人,任鸿隽筚路蓝缕,孜孜以求,终身不倦。

---

① 《四川大学史稿》,四川大学出版社1985年版,第209页。

一生为中国科学事业鞠躬尽瘁的任鸿隽不但有相当的文史素养，亦有为人夫为人父的涵养与宽容。他能在宏大事业上兢兢业业、孜孜以求，也能在日常生活中温文尔雅，多方尽职。任陈夫妇琴瑟和谐的日常生活经常是在谈诗论文中度过的。陈衡哲的第一部小说集就是他极力支持的结果。在《小雨点》序言中，他说："莎菲把她几年来的小说汇集起来，做一个小册子，让新月书店出版。她这本小说的印行，也可说是我常常怂恿的结果，所以我觉得有说几句话的必要——即使犯一点'台内喝彩'的嫌疑。"任鸿隽尊重陈衡哲的天才，鼓励她进行创作和尝试。

我以为，也只有任鸿隽这样涵养深厚、胸怀天下、进退自如的超拔之才，才能有如许的胸襟和气度去真正欣赏、包容、扶持一个天才女子。这样的发现和欣赏，这样的理解与包容，这样的恒心与支持，为他收获了一个理想的家庭，他也为社会扶植了一个可为天下女子效法的女性榜样。

任鸿隽去世以后，陈衡哲回忆丈夫的一生，谈及他的支持，这样说道：

> 靠了这个道德上的大支持，我才能在儿女及家务繁琐任务之外，对于自己的使命，仍旧尽得一点责任。这支持使我努力，使我向上，使我能尽量地去发展我的能力与抱负。这样的深契与成全，又岂是"男子生而愿为之有室"的那个平凡望愿所能了解的？

正是由于这夫妻相携的 41 载深情，陈衡哲在双目失明之下摸索着写下来的悼亡词才这样地动人：

> 何事最难忘，知己无双；
> "人生事事足参商，愿作屏山将尔护，恣尔翱翔。"
> 山倒觉风强，柔刺刚伤；
> 回黄转绿孰承当？猛忆深衷将护意，热泪盈眶。

十五、心的选择

人生的选择有时是由不经意的细节决定的。

1942年,陈衡哲历尽千辛万苦,带着一儿一女从香港辗转来到重庆。

国虽破,家虽贫,好歹还是自己的国与家。一个文弱女子,生于末世之朝,长于乱世之中,面对熊熊战火,只能带着儿与女往安全的地方走。

弱国无外交,弱国的子民,无从选择。

四川是陈衡哲的伤心地,因为它的闭塞,因为自己大胆的批评,激起过她人生中最大的一场文化纷争。

她曾经最喜欢南京,喜欢南京的玄武湖、紫金山,喜欢南京的古城墙,还有垂杨柳。1921年12月17日,她写了这样的一首诗——《早起的一景》。

> 舒黄的柳叶,
>
> 藏着降落的寒月
>
> 那一种又甜又苦的同情
>
> 竟把他们俩融为一吻

年纪轻轻的陈衡哲所看到的南京晨景曾经是多么地诗情画意啊!

现在,这座历史名城、国之首都,已经被日寇糟蹋得千疮百孔。国家的首

玄武湖美景

紫金山

南京古城墙

都也因为战争的关系迁移到重庆。一国之都，从人文荟萃的江南胜地，迁到天府之国的重庆，只因欲凭借蜀道之难抵御日寇侵略的脚步。

因为战争，任鸿隽主政的中基会在重庆成立了一个非常时期委员会，作为干事长的任鸿隽来到重庆办公。

陈衡哲从香港回到内地，回到重庆，回到丈夫身边。

1943年，陈衡哲收到邀请，到重庆红岩村中共南方局拜访周恩来。去红岩村那天，陈衡哲先坐着任百鹏驾驶的吉普到化龙桥，然后坐滑竿到达红岩村。周恩来已等在那里，见到陈衡哲，他非常热情地迎了出来，说："陈先生，我是您的学生，听过您的课，看过您写的书。"周恩来的礼貌与涵养给陈衡哲留下了极好的印象，周恩来的鞠躬尽瘁让陈衡哲佩服不已。

多少年后，垂垂老矣的陈衡哲跟自己资助过的侄孙任尔宁聊天，说道：

"我一生最佩服的就是两个人，一个是你三叔公任鸿隽，一个就是周恩来总理。"

陈衡哲在重庆的日子，主要就是教养子女。

俗话说："一朝被蛇咬，十年怕井绳。"

第四次居住在"是非之地"的四川，陈衡哲下笔非常慎重。1943年，她仅在《文学月刊》发表了一篇评论，《谈教育问题》。1945年，她发表了另一篇评论《谈乱世文人》。

巧合的是，抗日战争结束之后，陈衡哲接到美国国会图书馆的邀请函，请她担任指导研究员一年。陈衡哲刚刚从战争阴云中暂时解脱出来，很想再回到自己的母校去看看一看，顺便把自己的二女儿也送到瓦沙大学学习。儿子学业荒废了一阵，国内形势不定，陈衡哲准备也让儿子到美国去读中学。

1946年初，任鸿隽全家与中国科学社、中基会一起搬回上海。不久，任鸿隽也应中基会委托，赴美考察。于是他们收拾了一段时间，举家赴美。出发之时，国共内战已经爆发。

两个为民主与科学、自由与学术而努力的自由知识分子即便暂时离开了硝烟弥漫的国土，内心却是忧心如焚。

已经26岁的任以都正

钱钟书和杨绛在北平（1934年）

在哈佛大学读博士,谈及国内局势,她小心翼翼地问母亲:"现在国内这么混乱,你们要不要常住美国?"

陈衡哲说:"美国物价这么高,我们收入这么低,国破家亡的,能否还能拿一份工资,谁能说得定?美国不是老人住的地方,除非有万贯家财。"

尽管自己不能常住美国,为了孩子的教育与前途,他们还是想尽一切办法将儿子任以安送进剑桥中学(Cambridge High School)读高中。任以书由于身体不好,修养一年之后才进入瓦沙大学。

陈衡哲在美国国会图书馆的聘期结束之后,义无反顾地回到了国内,此前任鸿隽已回国。

正是在一场宴会中,陈衡哲认识了钱钟书的夫人杨绛。在杨绛写的《陈衡哲,我至今还想念她》中有对陈衡哲1949年之前的日常生活的介绍。其中有几个细节,值得我们关注。

> 储安平向陈衡哲介绍我的时候,跌足说:"咳!今天钱钟书不能来太可惜了!他们可真是才子佳人哪!"
>
> 我当不起"佳人"之称,而且我觉得话也不该这么说。我没有钟书在旁护着,就得自己招架。我忙说:"陈先生可是才子佳人兼在一身呢。"
>
> 陈衡哲先生的眼镜后面有一双秀美的眼睛,一眼就能看到。她听了我的话,立即和身边一位温文儒雅的瘦高个儿先生交换了一个眼色,我知道这一位准是任先生了。我看见她眼里的笑意传到了她的嘴角,心里有点着慌,自问"我说错了话吗?我把这位才子挤掉了吗?可是才子也可以娶才子啊。"我赧然和任先生也握了手。
>
> ……
>
> 任鸿隽也比陈衡哲忙。陈衡哲正在读汤因比(Toynbee)的四卷本西洋史,已读到第三册的后半本,但目力衰退,每到四时许,就得

休息眼睛。她常邀我们去吃茶。(她称"吃tea",其实吃的总是咖啡。)她做的咖啡又香又浓,我很欣赏。

……

我是他们家的常客,他们并不把我当作客人。有一次我到他们家,他们两口子正在争闹;陈先生把她瘦小的身躯撑成一个"大"字,两脚分得老远,两手左右撑开,挡在卧房门口,不让任先生进去。任先生做了几个"虎势",想从一边闯进去,都没成功。陈先生得胜,笑得很淘气;任先生是输家,也只管笑。我在一边跟着笑。他们并不多嫌我,我也未觉尴尬。

……

那时陈衡哲家用一个男仆,她称为"我们的工人"。这位"工人"大约对女主人不大管用,需要他的时候常不在家。她请人吃茶或吃饭,常邀我"早一点来,帮帮我"。有一次她认真地嘱我早一点去。可是她待我帮忙的,不过是把三个热水瓶从地下搬到桌上。热水瓶不是盛五磅水的大号,只是三磅水的中号。我后来自己老了,才懂得老人脆弱,中号的热水瓶也须用双手捧。陈衡哲身体弱,连双手也捧不动。

陈衡哲、任鸿隽1948年于上海。

我之所以提炼这几个细节，是想就这些细节还原陈衡哲的内心世界。其一，杨绛所写的陈衡哲这时候不到60岁，但这个时候的她身体已经非常衰弱，连热水瓶都拿不动了。其二，尽管如此，她对历史的兴趣不减，尽管目力已很差，却依然在读汤因比的西洋史。其三，任鸿隽想进门，作了几个虎势都没能进去。其四，杨绛称呼陈先生才是才子佳人兼一身，陈衡哲笑意传到了她的嘴角。

这几个细节连接起来，给我留下的印象是，陈衡哲人老，无奈；心不老，也无奈。记得陈衡哲年轻的时候，从上海回四川，中途遇到三舅仆人对她的无礼，还有船工的偷窃，她以自己的智慧制服了两个人。然后她在文章中发出了这么一段感慨：

1949年7月4日，上海举行庆祝解放游行。

永远别在一条狂吠的狗面前示弱，保持坚决自信的态度，仿佛你是他们的女王，那样他们威胁的危险决不会真的实现。

一个人年轻气盛之时，智慧和力量是成正比的，而年龄大了，就会力不从心。60岁的陈衡哲连热水瓶也拿不动了，需要别人的帮助。去求助一个人，我以为，从陈衡哲的内心来说，是极不愿意

上海车站，苦力拉着守着热水瓶逃离上海的女人。

的，但是她已无从选择。

以陈衡哲如此的体弱，任鸿隽怎会进不了房间里呢？任鸿隽做几个虎势，不过就是逗陈衡哲开心罢了。任鸿隽对陈衡哲的呵护以及谦让，令人动容。

陈衡哲还在读史，听到杨绛夸她才子佳人，高兴得眼角含笑。这说明陈衡哲即使到了晚年，还是念念不忘自己的文史兴趣，但是她已封笔，不再写文章，当然，她写成的文章也不会有合适的发表阵地。

1945年之后，这个女历史学家再也没有就时事发表过任何评论。她的文学之才、历史之识，和她的病眼一样，日渐模糊，而终于湮没，无声无色。

失声与发声，对于陈衡哲来说，是从心所欲，顺其自然。我以为，她很自然地接受了自己老人的角色，不再像年轻时那样义愤填膺了。

1949年的上海，一片混乱。多少人都为是走还是留，举棋不定。

上海解放前的"大世界"游乐场

三个朋友相聚,谈及将来,心照不宣。胡适,曾经是国民政府的中美大使,自然要"走"。

陈衡哲他们,三个孩子都在美国,赴美似乎是理想选择。

如果他们还年轻,选择的自然是美国。现在他们已经到了花甲之年,叶落归根,为何还要穷途末路地逃亡呢?

不久,任鸿隽和陈衡哲收到两张邀请他们去香港的机票。陈衡哲坚决不肯赴港,她曾经在香港呆过,英帝国统治下的香港并非风平浪静的乐土。留在自己的祖国,只要管住自己的嘴,管住手里的笔,不参与政治,保一份平安应该还是能做到的吧!

于是,陈衡哲将这张机票让给了中基会的叶良才,让他与任鸿隽一起赴港处理中基会的事务。

　　陈衡哲的选择，除了理性的分析，还有冥冥之中的一个直觉记忆。1943年的那次与周恩来的会面，让她对即将新生的国家充满着希望和信心。

　　中国老百姓重见天日的日子不远了。谁都希望已经遭受了28年战火的老百姓能过上安生的好日子。

　　新中国的成立，让陈衡哲看到了新生的希望。

十六、遗世独立

解放后的新中国，百废待兴。陈衡哲老病交加，在诸多方面已经力不从心。她担任上海市政协委员后，因为眼病，已经无法正常参加社会活动。

塞翁失马，焉知非福。也正是由于眼部的疾病，陈衡哲超脱于后来的种种运动之外，倒也没有受过什么大的冲击。

幸运的陈衡哲在以阶级斗争为纲的年代既没有成为"右派"，也没有成为"反动学术权威"，更不是阶级敌人。而他们的老友胡适在全国解放之前坐上了蒋介石派来的飞机离开北平，后来转道去往美国。胡适的小儿子胡思杜为表明自己的态度，于1950年9月在香港《大公报》发表文章，题为《对我的父亲——胡适的批判》。

不久，胡适又成为全国人民的批判对象，这令任陈夫妇颇为失望。这样的政治批判超越了他们的理解范围，形势向着不可遏止的势头向前发展。他们在家不敢提胡适的名字，跟儿女通信，也不能说胡适伯伯，于是他们用"郝贞江上的老伯"作为彼此心照不宣的暗语。

随着新的国家经济体制的确定和变革，任鸿隽审时度势，决定重新考虑中国科学社的去留。1959年，任鸿隽主持召开中国科学社理事会，决议将全社一切资产捐献给国家。由于科学社之下的各种杂志、图书馆、出版社、研究所众多，所有资产的登记、移交等手续的办理持续了1年多时间。

看到自己多年来苦苦经营的科学社事业易主而生，74岁的任鸿隽百感交集，年轻时的筚路蓝缕、颠沛流离，科学社的由小及大、由点及面，中国科学人才的从无到有、发展壮大，一幕幕像放电影般，在眼前激荡。现在将毕生心血捐献给国家，他无怨无悔，老病之身，心有余而力不足，再也无法为"科学救国""科学富国"而亲力亲为了。

1961年10月9日，任鸿隽相交50多年的老朋友吴玉章来访。原来，第二天，即10月10日，为辛亥革命的50周年纪念日，任鸿隽是辛亥革命的元老功臣，吴玉章邀请任鸿隽去纪念大会作一次演讲，历来以国事为己任的任鸿隽答应了老朋友的请求。哪知两位好友分别之后，刚刚回到房内的任鸿隽还不能从往事的回忆中收回神来，心潮起伏的他，突然倒地，慌得陈衡哲赶紧叫来女儿、女婿，原来情绪激动的任鸿隽突发了脑溢血，生命垂危。

吴玉章

人生的惨痛莫过于看到自己的亲人身陷死地而无法相救。陈衡哲陪护在任鸿隽身边，感到生命中最重要的一角倒了下来。有一天她在陪护时跟病床上的丈夫，说起了一个笑话，没想到任鸿隽还在无意识中发出了一点笑声，这一声笑让陈衡哲听到了希望。她始终相信，丈夫肯定不会扔下她，他还要做那个挡在她和社会之间的屏风呢！

然而这一次，陈衡哲彻底失望了。一个月后，任鸿隽在昏睡中与世长辞。

悲痛中的陈衡哲无以释怀，她抓起已经放下多年的笔，在夜深人静之时，摸索着在纸上写下了这样的悼亡词：

金缕曲

不信君真去！小窗前，瓶花犹在，砚书如故。謦欬无闻茵枕冷，梦断重门开处；始惊悟、果成千古。寂寞余生还怆恻，问从今，哀乐和谁语？幽明隔，永无路。

当年新陆初相晤，共游踪，清池赏月，绮城瀑布。四十年来同苦乐，况又诗朋文侣；还相约、匡庐隐羽。我自衰残君独健，道当然，病叶先离树。谁司命？颠倒误。

几十年执手相牵，夫唱妇随，小窗之前，两人共插的瓶花犹在，丈夫常用的砚台和书写的书信还在。然而家里孤枕寒冷、寂然无声，才惊悟他真的去了，从此以后，喜怒哀乐，和谁共语？想当年，在新大陆绮色佳初相识，游池赏月，四十同甘共苦，相约同隐匡庐。本来以为自己是一病弱之躯，会仙逝在前，谁知老天颠倒生死，竟然让素来强健的"屏山"倒了。一朝"屏山"倾倒，再无人挡在她和社会的中间了。

陈衡哲的伤心，和普通女人一样的，是失去了一个丈夫，一个靠山；和普通女子不一样的，是失去了一个知己，一座只有她懂的——屏山。

任鸿隽去世之后，她还让二女儿任以书致信大女儿任以都，将情况通知给"郝贞江上的老伯"，胡适接信之后，悲伤地回信说："政治上这么一分隔，老朋友之间，几十年居然不能通信。请转告你母亲，'郝贞江上的老朋友'在替她掉泪。"

胡适看到陈衡哲所写的悼亡词，读到"何事最难忘，知己无双；'人生事事足参商，愿作屏山将尔护，恣尔翱翔。'山倒觉风强，柔刺刚伤；回黄转绿孰承当？猛忆深衷将护意，热泪盈眶。"不由悲从中来，想及任陈二人之间的惺惺相惜，想到"三个朋友"之间的文朋诗侣之会，感慨万千，他亦回信请陈衡哲的女儿转告她们的母亲,她所作的《浪淘沙》写得最好。老朋友之间,即便抒发悲哀之情,还不忘评价辞哀语切之作的优劣,也只有一生的文字之交会这样来交流了。

一年之后,"三个朋友"中的胡适也在一次欢迎酒会中,突发心脏病,撒手人寰。

1962年,在儿女的多次要求下,陈衡哲在20多年不写长文之后,摸索着写下了一篇几千字的悼念文章《任叔永先生不朽》,讲述他立德立功立言的一生。像任鸿隽曾经为她做过的那样,她也为夫君做了一篇"台内喝彩"的文章。

任鸿隽去世以后,陈衡哲与外界的联系越发地少了。任鸿隽在世之时,她虽然眼睛看不见,但还能通过丈夫的阅读,了解到外面形势的变化。

长期沉浸在孤独中的陈衡哲对一切外事不闻不问,脾气性格一如既往。1966年3月底,侄孙任尔宁来上海看望她。第一次见面,就让任尔宁记住了"三娘母"的个性。那一次,外交学会会长张奚若先生专程来看望老朋友的夫人陈衡哲。张先生和任鸿隽是早期的同盟会会员,相交甚深。任鸿隽当时从日本人手里购买的武器,都是通过张奚若转到同盟会会员手中。

看到有人来访,又自称是和三叔公同甘共苦的革命同志,任尔宁赶紧上楼告诉三娘母。

这个时候陈衡哲正在楼上烫脚。多少年来,烫脚是她的养生之道。

她听说有人来访之后,说:"请张先生等一会儿,我烫好脚

无党派人士代表张奚若

后，请他上来！"

陈衡哲并不愿因为任何人改变自己的生活规律。张奚若了解陈衡哲的个性，自然不会怪罪，他耐心地在楼下喝茶，等了半个多小时之后，他上楼会见陈衡哲，互致问询与敬意。

陈衡哲的倔强与自尊，散发出一股凛然不可侵犯的力量。

"文革"期间，陈衡哲因为儿女都在美国，被定性为有海外关系的嫌疑公民，"红卫兵"们几次抄家，翻检所谓的"里通外国"的"罪证"。

这些飞扬跋扈的"红卫兵"看到这个弱不禁风的老太太，老气横秋地说："请你下楼！我们要检查！"

陈衡哲抬眼，实际上她看不见。但她冷峻的脸色，发出一股摄人心魄的力量。

她冷冷地说："我是个盲人，你们要让一个80多岁的盲人下楼吗？你们有过母亲，有过奶奶吗？你们造反，就是造奶奶们的反吗？"

面前瘦弱老太太的沉静而坚定，"红卫兵"们心里一阵犯怵，只好让她在楼上呆着。

也许是陈衡哲的威慑，这些红卫兵翻检东西时，总感到身后有一双凌厉的眼神追随在左右，他们折腾了一阵，一无所获，将任陈二人多年来珍藏的照片与资料撕成了一张张碎条后扬长而去。

动荡之中，保得一家平安，是这个用舍行藏的历史学家唯一的奢望。

然而，她保得了自己，却没有办法保住自己的女儿和女婿。

任以书回国之后，嫁给了一位卓有才华的青年才俊——程述铭。当时的程述铭还在北京天文台工作，为了和妻子一起照顾岳母陈衡哲，结婚不久调到了上海天文台。程述铭家世良好，他的大嫂是曾名噪一时的著名电影演员上官云珠，上官云珠与江青很熟，知道江青在上海期间的一些艳事。程述铭受此牵连，被江青打入"梅花党"事件中。在一个政治主宰一切的时代，被诬陷为与中共作对的"梅花党"成员，程述铭自然备受打击。在程述铭被囚禁期间，任以书

1958年,上海,被下放到农村的演员上官云珠(右)。

突然接到单位通知:丈夫畏罪自杀,触电身亡。一直如履薄冰、小心翼翼的任以书,无法接受这样一个残酷的现实……

"文革"开始后,历史学家翦伯赞、吴晗、著名作家老舍、翻译家傅雷,等等,不堪凌辱,愤而自杀。

在一个非人的年代,大家都过着非人的生活。陈衡哲以多病之身,苦度风烛残年。

日常生活中,哪怕每天吃上一个鸡蛋,或是偶尔吃点木耳,都成了她奢侈的要求。

1974年,在美国一次又一次申请探亲的陈衡哲大女儿任以都终于有了一个得偿所愿的回国机会。与母亲分别28年之后,53岁的任以都随宾夕法尼亚大学访华团来到上海,看望分别了近30年的母亲与妹妹。母女相见,泪湿衣襟,世界上再没有如此让人辛酸之至的迟来的会面。84岁高龄的陈衡哲没有想到此生还能见着这个远涉重洋的女儿,虽然她一直支持着孩子们的远行。

见面是快乐的,也是酸苦的,因为她们生活中另外两个最重要的男性,此刻都不在身边。对于任以都来说,是已经阴阳相隔的爸爸,对于陈衡哲来说,是远隔重洋的小儿子安安。此生能否相见,谁也不知道。

谈及时事,任以都才知道,一直关心政治历史的母亲现在从来不看报纸,不听新闻,因为这些文章"千篇一律,毫无论调"。面对"文革"之中疯狂的造反行动,陈衡哲就像对侄孙任尔宁说过的那样告诉任以都,这种运动都是暂时的,不得人心的,最后总会过去的。

当时正在进行的政治运动是"批林批孔",从国外回来的任以都听到批判"孔老二",嗤之以鼻,说:"不知孔老大在什么地方?"陈衡哲默默无语。

短暂的相聚只有四天,这四天谈谈笑笑的日子是陈衡哲晚年难得的幸福时光。当任以都必须出发,返回美国之时,陈衡哲老泪纵横。有生之年,要是能等到女儿下一次的回归,要是能再看一眼唯一的儿子安安,该多好啊!

陈衡哲没有等到这一天,1976年,曙光在即的"文革"末年,她因肺炎及并发症,逝世于上海广慈医院。临终前二女儿任以书与四妹陈衡粹在侧。两个远方的儿女当时并不知道死讯,即便在国内的亲朋好友也不知道,后来通过《文汇报》上的讣告,远在四川的任家人以及分散在北京、江苏的亲友才知道。

乱世之中,陈衡哲像一朵枯萎的莲花,安详而平静地离开人世!
一代才女的传奇故事,就这样,在异常的平静中悄然落幕!

十七、馨香绵长

凡是有价值的已往，是不会死的。陈衡哲如是说。

作为中国第一批女留学生，第一个女教授，第一个用白话文写作的女作家，第一个四次参加太平洋学会的女学者，第一个编著世界史的女学者，陈衡哲的名字，镌刻在中国历史上，光照历史，光照未来。

她拥有一生支持她的知音，有一个幸福的家庭，有个个成才的子女。

她用之则行，舍之则藏，早年因反抗而精彩，晚年因沉默而平安。

陈衡哲给我们今天女性的启示，有很多。这里且略举一二，期望给无数依然在寻求自我发展道路的女性以必要的人生借鉴。

她给我们的第一个启示，是怀疑品格。陈衡哲无论是在当时，还是在今天，无疑不是人见人爱的乖乖女。她对于任何违背人性的规矩都敢于提出怀疑。例如她的母亲多次教育她要忍耐，她的母亲自身就是一个忍耐的典范。在《陈衡哲早年自传》中有这样两个记载。一是她母亲订婚之日，婢女偷吃了定亲时男方家里赠送的食品，母亲亲眼看见，却不加制止。等到婢女诬陷是她吃了这些食品，她也不加辩解。原因是害怕婢女会造谣，将事情闹大。这件事情十年以后才真相大白。母亲给陈衡哲讲这样的故事，是教育陈衡哲，作为一个中国女人，从童年时期就要学习忍耐，忍耐一切委屈和不平。一个有修养的女孩子必须沉静寡言，喜怒哀乐，深藏内心。

第二个记载，是陈衡哲自己的发现。陈衡哲有一天发现母亲心神不定，独自坐在窗前，一边看着透过窗帘的明月，一边在纸上写着什么。等母亲写好又撕掉、扔掉之后，好奇心极强的陈衡哲偷偷将碎纸条拾起，拼凑起来一看，原来是首诗，其中有两句：明月透窗帘，光照离人思。多年以后，等到陈衡哲在父亲面前说起这件事时，父亲问母亲："为什么你当时不把那首诗寄给我呢？"她的母亲脸红了。陈衡哲记载这样一件事，是在说明，中国传统教养下的女性，即使思念丈夫也是不能轻易表达的——她必须把所有的情感都压抑下去，思念丈夫是一件让人感到羞耻的事。

面对这种天然地压抑女性情感的传统教育，陈衡哲开始大胆地怀疑。她问母亲为什么，问父亲为什么，这样的追问使她成了一个"惹人讨厌的好奇的孩子"。父母和长辈都怕她的问题。陈衡哲感到奇怪的是，为什么长辈们认为这些问题无法回答呢？这样的怀疑，注定陈衡哲父母原本悉心安排的传统淑女教育，最终会失败。

陈衡哲的种种怀疑是她走出一条新道路的前提。她怀疑裹足，从而与几百年的老传统决裂。她怀疑父亲对她"因材施教"的早期教育，于是追求当时只有在沿海大城市才有的新式教育。接受到新式教育之后，她同样对新女性张竹君的教育方式产生了巨大的怀疑，觉得自己成了新式教育的试验品和牺牲品，最终义无反顾地放弃了学习了三年的医学专业。也许她还不知道自己的路在何方，但她非常清楚自己不喜欢什么，不要什么，别人所要所想的，她一次次地拒绝了。

张竹君

在怀疑中放弃，在怀疑中探求，这就是青少年时期的陈衡哲。这注定她会走出一条与传统女性不一样的道路，她的一个个第一，是以怀疑为起点的。

陈衡哲给我们的第二启示，是她不折不挠的抗争精神。在这个世界上，要趟出一条新路，光有怀疑还是不够的，怀疑而不动，这样的怀疑只是画饼充饥。怀疑

民国时的女生在学射箭

而行动，但不能善始善终，只能半途而废，或是功败垂成。陈衡哲的行动，是不折不扣的抗争。

陈衡哲的抗争，最激烈的有两次：一是反抗缠足，二是反抗父亲安排的婚姻。前一次反抗，给父母留下了深刻的印象，从此将她与其他姐妹区别对待，为自己赢得一双在天地中自由行走的双脚。后一次反抗，使她终生解脱了传统婚姻的束缚，心无旁骛地去追求自己想要的人生。

第三个启示，是前行时冒险和智慧兼具。陈衡哲参加清华学校的考试，实际是一种自己毫无把握的冒险行为。但这样的冒险重尝试而无风险，有尽人事而听天命之意。最后，陈衡哲尝试成功，改变了自己的命运。其二，陈衡哲在自身不确定时，不像鲁迅《伤逝》中的子君一样去盲目地反抗，去依附一个没

《伤逝》

有确定性的男性,从而为自己保留了选择更多道路的可能性。从这一点上来看,陈衡哲比起同样反抗包办婚姻的萧红来,更是幸运和智慧。萧红向往自由之身,向往两情相悦的爱情,但她从家里出逃时,前无接应,后无退路,她寄寓希望的一个个男人,陆振舜、汪恩甲、萧军和端木蕻良,一个个离开了她,萧红在情路上的一次次失败,与她对身边男性的失察有很大的关系。不管是在过往,还是在今天,在追寻新道路的过程中,女性的反抗应以保全自己为前提。反抗需要的不仅是一份勇气,还需要智慧,这对行动能力相对柔弱的女性来说,更为重要。

在一个女性尚在黑暗中摸索的时代,陈衡哲以自己的胆识和才情,为自己赢得一份精彩而又超然的人生。她的成功是幸运的,是艰难的,更是智慧的。

这样一个具有反抗精神的女性,是李贽说过的真人,她绝假纯真,遵循自己最初一念之本心。她所有的文章,也都以发出真声为标杆。她在给胡适的信中这样说道:"我的做诗——以至于做小说、文章和其他一切,为的是expression(表达)而不是impression(印象)。所以所做的东西,都是偏重于自己的温省,而不甚能得到技艺上的完成。这固然是一个大缺点——虽然我也不承认,我的诗是没有一首有艺术上的价值的——但我总觉得他们当不曾失去天然的风韵,和那野草闲花一样的风韵。他们都是我心底里发出来的真声……"

这样一个真人,她的为人,她的为文,都是值得当代女性去好好品读的。

在本书结束之际,摘抄一段陈衡哲所撰的《居里夫人小传》中的文字,与天下人共勉:

> 天才是不受环境支配的。有天才的人,即使在陋屋破桌间,也能作惊人的科学发明;即使在黑暗囚室中,也能有奇伟的文艺创作。虽然优良的环境,比了恶劣的环境,有时更能帮助天才的成功,但环境的恶劣,也绝不能作为一个人失败的借口与推诿。

附 录

陈衡哲生平事略①

陈衡哲，乳名阿华，原名燕，字乙睇，西名莎菲（Sophia Hung-che Chen），1890年7月12日生于江苏常州武进，祖籍湖南衡山。

父亲陈韬（1869~1937，字香凝），举人出身，晚清官吏，喜收藏，擅长书法。

母亲庄曜孚（1870~1938，字荙史），著名画家和书法家，生两男六女，陈衡哲排行第二。陈衡哲上面的大姐名陈鸿，下面还有妹妹陈凤、陈衡粹、陈鹂、陈鹭，两个弟弟为陈扬、陈益。

1894年（光绪二十年），4岁

春，开始学认汉字、读启蒙书，由母亲教学。学到"火"字，不耐烦，哭闹后母亲放弃。

对"望门寡"新娘事件，有深刻记忆。

---

① 根据《任鸿隽陈衡哲家书》中《陈衡哲年表》加以补充。《陈衡哲年表》编者为社会科学文献出版社编审赵慧芝。补充时征引的资料有史建国《陈衡哲传》（上海远东出版社2010年）、杨同生《陈衡哲年谱》（《中国文学研究》1991年第3期）、陈鹭翻译于美国的《民国时期中国名人传记辞典》及修正过了的《陈衡哲传略》（《中国现代文学研究丛刊》1990年第4期）。可能由于署名不清，《中国现代文学研究丛刊》刊登的文章，将译者陈衡哲的六妹陈鹭，误写成"陈鸡泽"。

1896 年（光绪二十二年），6 岁

重新开始学汉字。

秋，与婢女在菜园收衣服，目睹黑色鸦群，对自然的神秘与诗意感到好奇。

1897 年（光绪二十三年），7 岁

春，顽强抵制家人为她缠足，经过几个月的反抗，终于获胜。开始协助母亲管理家中佣人的账目。

夏，始写家书，父亲夸她文言夹白话的信"很有创意"。

1898 年（光绪二十四年），8 岁

她在三姐妹中最聪慧，是重点培养对象，父亲亲自始教三部书——《尔雅》、父亲自己的中国地名笔记和历史笔记。后在二舅建议下，父母让她学习《黄帝内经》。

1899 年（光绪二十五年），9 岁

春，陈家大院出租，搬至外祖母家。因思念陈家大院，第一次写诗。

1902 年（光绪二十八年），12 岁

开始读梁启超的文章、《新民丛报》及谭嗣同的《仁学》。接触到马志尼、罗兰夫人、贞德事迹，思考自己该成为什么类型的女子。立志"当作家"，渴望上学。

1903 年（光绪二十九年），13 岁

春，读完《黄帝内经》，父亲远去四川做官。

冬，16 岁大姐陈鸿结婚。母亲偕妹妹去成都，她和姐姐姐夫一道经上海至广州，依舅父庄蕴宽读书。

舅母曾带其去广州医学校询问注册上学事，因年龄太小，被拒。

1904 年（光绪三十年），14 岁

年初，庄蕴宽调往廉州统领新军。夏，随舅母全家迁往廉州。由舅父亲自教授国文，延师教授算术。

冬，带着舅舅给蔡元培的介绍信，随舅母到上海，拟进蔡氏创办的爱国女校上学。后被伯父陈范安排住进湖南亲属家里。

1905 年（光绪三十一年），15 岁

2 月，因蔡元培不在上海，无法进爱国女校，故改入新成立的女子中西医学堂就读。西医教师为"女界伟人"张竹君，但陈衡哲不适应她的教学方式，对医学深恶痛绝。期间开始接触英语，学习《博德温读本》系列教材。

1907 年（光绪三十三年），17 岁

至寒假时，在医学院学习满三年，认为除英文外，几乎没有什么收获。正在彷徨之时，突然接到父亲几次电报，命令她马上回成都的家，否则停止经济资助，于是只好起程回川。

赴川之旅，艰难复杂，经过 57 天水路与陆路行程，到达成都。

1908 年（光绪三十四年），18 岁

春，拒绝父亲为她选定的婚姻。后在成都学会骑马，自学古典文学，练习书法。

1910 年（宣统二年），20 岁

冬，由四川起程往上海，途中逐字逐句阅读携带的一整套梁启超著作（约 100 万字）和唐宋诗词等书。抵上海后，仍回女子中西医学堂。

1911 年（宣统三年），21 岁

初春，弃学到苏州常熟姑母家居住，得到姑母的关爱和帮助。在此，自学

经典著作，如《尚书》、唐宋诗词等；依靠字典学习和翻译英国文学作品。

1912 年（民国元年），22 岁

8 月，发表译文《改历法议》(《东方杂志》第 9 卷第 2 号)。

1913 年（民国二年），23 岁

冬，姑母介绍她到常熟乡下一位朋友的家馆教书，月薪 20 元，她同意了。此时，父母决定回江苏工作，带着 5 个弟妹已从四川到达上海，她前往将他们接至常熟，不久落户苏州。

1914 年（民国三年），24 岁

2 月初，到常熟乡下的家馆担任教师，教授国文、算术和基础英语。

5 月，获悉清华学校面向全国招考留学女生，考取者可获得奖学金去美国留学 5 年。她在姑母的鼓励支持下，请假两周，到上海应试，结果被录取。

8 月 15 日，从上海起程去美国，先到纽约州普特南读大学预科。

1915 年（民国四年），25 岁

夏，将署名莎菲的译著《来因女士传》投寄《留美学生季报》，获得总编辑任鸿隽高度好评。从此两人开始通信，经常约稿、撰稿、互相论稿。并应邀加入了科学社。

秋，进美国著名女子大学——瓦沙大学专修西洋史，兼修西洋文学。

1916 年（民国五年），26 岁

暑假，到伊萨卡度假，与任鸿隽首次相会，两人一见如故。

9 月 2 日，出席在麻省恩多佛举行的东美中国学生会年会，被推举为中文书记，同时在这里出席任鸿隽主持的中国科学社第一届年会。

10 月，开始与胡适通信。

这年在《留美学生季报》上发表两首诗作——五绝《月》《风》，受到胡适的高度好评。

1917年（民国六年），27岁

4月7日，任鸿隽陪胡适到瓦莎女子大学访陈衡哲，是为其第一次与胡适相会，从此"三人邮筒往返几无虚日"。

6月，以莎菲为名在《留美学生季报》发表白话小说《一日》，被称为中国文学史上第一篇白话小说。

1918年（民国七年），28岁

夏，自瓦沙女子大学毕业，获文学学士学位，并获"金钥匙奖"。然后进芝加哥大学历史系，继续攻读西洋史和文学。

9月15日，在《新青年》发表白话诗《人家说我发了痴》。

10月15日，在《新青年》发表白话剧本《老夫妻》。

1919年（民国八年），29岁

5月，在芝加哥大学研究院荣获Phi Beta Kappa（ΦBK联谊会，即美国大学优秀生全国性荣誉组织）资格，并获得500美元奖学金。是月，在《新青年》发表新诗《鸟》和《散伍归来的"吉普色"》。

9月，发表《加拿大露营记》。

11月底，任鸿隽为筹办四川钢铁厂事再度赴美，于圣诞节前夕两人重逢于芝加哥。

1920年（民国九年），30岁

夏，自芝加哥大学研究院毕业，获文学硕士学位。任、陈两人都于是夏回国，接受北京大学校长蔡元培聘任。

8月22日下午，与任鸿隽在南京高等师范学校校园内的梅鏊订立婚约，胡适参加了他们的订婚礼,并赋诗《我们三个朋友——赠任叔永与陈莎菲》祝贺。

8月26日,陈衡哲与胡适一同回到北京。30日上午,由胡适陪同访蔡元培,受聘北京大学历史系教授,是为中国教育史上第一位女教授。

9月1日,在《新青年》发表白话小说《小雨点》。

16日,任鸿隽与陈衡哲在北京举行结婚典礼,胡适做赞礼,蔡元培做证婚人。胡适戏赠他俩的对联是:无后为大,著书最佳。蔡元培的赠联是:科学社最小限度,历史谈重新开篇。

10月1日,在《新青年》发表白话小说《波儿》。

冬,开始兼任北京女子师范大学教授。不久,因怀孕而休假。

1921年(民国十年),31岁

春夏间,计划编一部《西洋史大纲》,并着手搜集资料。

7月24日,长女出生,取名"以都"。

12月1日,发表《纪念但丁》一文。

年底,辞去北京大学教授职务,"决意"专事著书立说。此时,商务印书馆总经理兼编译所所长王云五请她编辑《西洋史》,经协商通融,她承诺了。

1922年(民国十一年),32岁

1月初,同女儿以都随任鸿隽由北京往南京小住。在宁期间,解囊赞助中国科学社。

5月初,为《努力周报》撰写论文《基督教在欧洲历史上的地位》。25日下午1时到达重庆。7日,《努力周报》(简称《努力》)出版,陈衡哲是主笔之一。

6月28日,给胡适寄去《四川为什么糟到这个地步》。

11月,任氏夫妇偕女儿从四川回到上海。

12月,受聘为商务印书馆编辑,编著《西洋史》《文艺复兴史》等。

1923年（民国十二年），33岁

1月，举家迁往上海。

2月20日，将新近创作的短篇小说《洛绮思的问题》初稿寄给胡适征求意见。

4月23日~24日，夫妇俩在家接待由北京前来开会的胡适。29日起，任氏大妇、杨杏佛大妇、朱经农、唐钺等十多位朋友，陪胡适 同游杭州。

9月，与任鸿隽、徐志摩、胡适、汪精卫、马君武、朱经农等前往浙江海宁观赏海潮。

11月，撰写论文《彼脱拉克与文艺复兴》。

12月，发表《彼述克》。年底，任鸿隽应聘到国立东南大学任副校长，陈衡哲也随之应聘为该校历史系教授。遂举家迁至南京。

1924年（民国十三年），34岁

1月，所著《西洋史》上册由商务印书馆出版发行。25~26日，新作《她的问题》完稿。

4月~5月，和胡适通信讨论学术问题，如对《国学院计划书》的评述；对《学衡》期刊的看法；对梁启超"唯物史观""文化定义"的讨论等。

7月，发表短篇小说《运河与杨子江》。

8月，完成论文《国家教育与国际教育》的写作。

10月，小说《洛绮思的问题》在《小说月报》第15卷第10号上发表。

1925年（民国十四年），35岁

春，因怀孕，拟在生产前完成商务印书馆的写作任务，故"编书极忙"。

5月中旬，《西洋史》下册完稿。接着《文艺复兴小史》也完稿，寄交商务印书馆。

6月3日，次女出生。因与《西洋史》下册差不多是同时长成、出世，故取小名"书书"。

6月底，朱经农来函，推荐她任上海光华大学历史系主任，她婉言谢绝。

10月1日，因任鸿隽到中基会任秘书，故辞去东南大学教授职，全家迁往北京。

是月，徐志摩邀约任陈夫妇为《北京晨报副刊》撰稿。

1926年（民国十五年），36岁

2月，《西洋史》下册由商务印书馆出版发行。

6月，完成创作《亚波拉与爱洛绮丝》。

8月15-22日，全家到北戴河休息一周。回京后完成一篇《北戴河一周游记》。

12月，发表短篇小说《一支扣针的故事》。《文艺复兴小史》由商务印书馆出版。

是年，还发表论文《妇女与职业》。

1927年（民国十六年），37岁

5月，作《西洋史·六版序》，说明对全书校改、增删情况。

6月21日，起程赴美国檀香山，出席太平洋国际学会第二届常会。

8月，发表《太平洋国交会议记略》。

9月3～7日，出席中国科学社在上海举行的第十二次年会。

1928年（民国十七年），38岁

4月，短篇小说集《小雨点》由上海新月书店出版。书前有《胡序》（胡适作）、《任序》（任鸿隽作）和《自序》。

5月31日，儿子出生，取名以安。

1929年（民国十八年），39岁

2月，应邀回北京大学历史系授课。

10月20日,赴日本,出席太平洋国际学会第三届常会。

11月,《西洋史》第7次由商务印书馆再版。

1930年(民国十九年),40岁

4月,和胡适商量关于《中国文化论文集》的组稿、编辑等问题。是月,《欧洲文艺复兴小史》由上海商务印书馆出版。

10月6日,中秋佳节,邀胡适同自己全家一同游西山。晚上夫妇两人与胡适长谈、赏月。7日,胡适在北海仿膳宴请任、陈夫妇。

12月7日,与胡适等人同赴美国人福开森在住宅举办的美国大学优等生荣誉学会茶会,然后与周寄梅、朱继圣、胡适同到德国饭店共餐。

1931年(民国二十年),41岁

3月,发表《说过渡时代——为〈大公报〉三十周年纪念专刊作》。

夏,她主编的《中国文化论文集》在上海出版。

9月,在《北斗》创刊号发表散文《老柏与野蔷薇》。

23~26日,因发生九一八事变,中国参加太平洋国际学会的代表颜惠庆、胡适、陶孟和、陈衡哲、丁文江、徐淑希6人在上海分别发出数次电报,建议大会延期或日本代表退出此次会议,等等。25日胡适与陶孟和邀请E.E.卡特等5名美国代表和陈衡哲等中国代表共进午餐,漫谈会议之事。26日,陈衡哲、卡特、巴恩斯等9名中外代表开会,商讨会议事宜。

10月21日~11月2日,出席在上海举行的太平洋国际学会第四届常会。

岁末,在《太平洋时事》(Pacific Affairs)杂志第四卷第10期,以英文发表《合情合理地看待中国——评赛珍珠的〈大地〉》文章,署名为Sophia Chen。

1932年(民国21年),42岁

5月22日,参与筹办的《独立评论》创刊号出版,胡适为总编辑,陈衡哲

既是主笔之一，又是代理。

7月，发表《论鸦片公卖》。

8月，发表《适应环境与改造环境》《关于"暴风雨中的七个女性"——陈衡哲先生致丁玲先生的信》《答一个少年女朋友》。

9月~12月，发表《再游北戴河》《说中年》《女子教育的根本问题》。

1933年（民国22年），43岁

1月，加入"中国民权保障同盟"北京分会。

3月~6月，发表《居里夫人小传——一个新女子的模型》《国难与知识界的妇女》《清华大学与国耻》等文章。

8月，和胡适同赴加拿大西部班府城，出席太平洋国际学会第五届常会。

9月，重访美国。26~28日访问母校——瓦莎女子大学，拜访师长和校友。10月回国。

11月，发表《回到母校去》。

12月，发表《重游北美的几点感想——在燕京大学演讲》。短篇小说集《西风》由商务印书馆出版。

1934年（民国二十三年），44岁

3月~5月，分别于《独立评论》发表《对儿童教育的一个意见》《妇女问题的根本谈》《对于秦氏全家自杀的意见》《所谓〈日本和平〉》。

6月28日~7月5日，与任鸿隽和几位教育家应邀乘康陀飞艇到太原参观教育部长孔庸之主办的铭贤学校及其工厂、农场。

7月，发表纪念文章《哀悼居里夫人》和考察报告《从北平飞到太原》。

9月~11月，发表评论《国家教育与国际教育》《法律能维持感情吗？》《两性问题与社会意识》。

1935 年（民国二十四年），45 岁

1 月~7 月，发表《青年的康健问题》《"父母之命"与自由婚姻》《复古与独裁势力下妇女的立场》；《纪念一位老姑母——为〈东方杂志〉写我的生活一页》《一个小小调查表的缘起》《调查小学儿童健康的结果》《心理的健康与民族的活力》等文章。

7 月，应绥远省政府主席傅作义邀请，任鸿隽、陈衡哲与胡适等人，沿平绥铁路沿线进行考察。

9 月，被聘为四川大学历史系教授。在《独立评论》发表《救救中学生》。

12 月 13 日，举家迁往四川成都，女儿以都暂留北平读书。

是年，以陈南华为笔名的英文自传，即 Autobiography of A Chinese Young Girl（《一个年轻女孩的自传》），在北平出版。

1936 年（民国二十五年），46 岁

1 月，短篇小说集《小雨点》，由商务印书馆再版发行。

2 月，在四川大学任教期间，目睹不少女大学生系达官贵人的姨太太，便撰文在成都《新新新闻》上予以抨击，号召四川妇女争取独立自主。

3~5 月，在《独立评论》第 190 号、195 号、205 号上发表长篇通讯《川行琐记》，揭露四川在军阀统治下的黑暗，抨击地方政治和社会的腐败，引起地方当局对她的不满，遭到一些人的恶意攻击。

7 月，愤然提出辞职，带着儿女（以安、以书）从四川返回北平。任鸿隽暂留川大。

9 月，发表《环境与天才的关系——一个寓言》。

11 月，发表评论《妇女参政问题的实际方面》。29 日，因《独立评论》第 229 号刊载张奚若的《冀察不应以特殊自居》，触怒其时的当政者宋哲元，被迫于 12 月 2 日停刊。

12 月，完成《三个朋友》的小说稿，并寄给胡适征求意见。

1937年（民国二十六年），47岁

1月31日，胡适写一封长信，力劝任、陈夫妇不要辞四川大学职务，并亲自登门送信诚劝，和他们长谈两个小时，终无效果。

3月，发表纪念文章《亚丹女士小传（1860～1935）——一位救世者的人格》。

是年春，专著《新生活与妇女解放》出版，是叶楚伧主编的《新生活丛书》之一种。

4月8日，胡适访陈衡哲，谈四川大学事，认为"她是无法劝的"。16日，《独立评论》复刊，出版第230号。是月，发表评论《做官与做事》。

5月，发表《青年的修养问题——天津"青年生活指导周"讲演稿》。

6月，和任鸿隽出资所建庐山别墅落成。

7月，"七·七"卢沟桥事变后，平津危急。陈衡哲带着三个儿女乘平汉铁路火车仓皇离开北平，抵汉口往庐山，任鸿隽正在庐山，自此全家困匡庐半年之久。

8月，发表时论《妇女在战时的责任》；《我幼时求学的经过——纪念我的舅舅庄思缄先生》。

12月，发表时论《国难所奠定的复兴基石》。

1938年（民国二十七年），48岁

2月19日，日寇疯狂南侵，形势紧张。任陈夫妇偕子女自庐山起程往汉口，然后再乘火车经长沙往广州，于月底抵达香港。

3月，在香港安顿好住所后，长女以都进美国人办的一所学校读书。

12月，《衡哲散文集》（上、下册）由开明书店出版。全书共收入散文52篇。

1939年（民国二十八年），49岁

3月21日，出席"中华全国文艺界抗敌协会"（简称"文协"）香港分会成

立大会。任以都在港校毕业后，考取了西南联大。会后不久她带着儿女离开香港，经越南海防、河内到达云南昆明，住青云街。

6月，《小雨点》由商务印书馆第4次再版。

是年，应邀到西南联大讲演——第一讲"读书的方法"，强调读书需要摘记大纲；还讲到抗日战争只会胜利，不会失败。

1940年（民国二十九年），50岁

春，为躲避日机频繁空袭，由青云街搬至郊区黑龙潭。由于住所偏僻，不幸遭遇一次强盗洗劫。秋，再次搬迁到昆明大西门外新村居住。

9月14～18日，出席中国科学社在昆明举办的第22次年会。

1941年（民国三十年），51岁

7月，带着三个儿女由昆明再迁至香港。任以都自香港经上海往美国瓦莎女子大学留学。

12月7日，日本偷袭珍珠港，太平洋战争爆发。不久，香港沦陷。陈衡哲及其子女被困于香港。

1942年（民国三十一年），52岁

夏，带着两个儿女从香港登上法国轮船机智地逃脱虎口。他们先到广州湾（今湛江），再取道雷州半岛辗转至重庆，居江北牛角坨任家花园，与家人团聚。

1943年（民国三十二年），53岁

年初，应邀到重庆红岩村中共南方局访周恩来。

8月中旬，出席中国科学社在重庆北碚举行的第23次年会。

9月，于《文学月刊》第1卷第5期发表评论《谈教育问题》。

1944 年（民国三十三年），54 岁

于《文学周刊》第 9 期发表论文《谈乱世文人》。

1945 年（民国三十四年），55 岁

抗战结束，接到美国国会图书馆邀请函，请她担任指导研究员一年。

1946 年（民国三十五年），56 岁

年初，全家随中国科学社和中基会迁回上海。

7 月，应邀赴美。同时任鸿隽也应中基会委托，赴美考察。于是任、陈夫妇带着一双儿女，一同访美。

是年，小儿以安进美国剑桥中学读书。从此便在美国留学成长。

1947 年（民国三十六年），57 岁

2 月 3 日，任以都问母亲是否要在美国长住？陈衡哲认为"美国不是老人住的地方"，于是同任鸿隽一道返回上海。

1949 年（民国三十八年），59 岁

4 月，解放前夕的上海一片混乱，任、陈收到两张机票，受邀请去香港，陈衡哲谢绝了。她将机票让给中基会管财务的叶良才，让他与任鸿隽一起前往香港料理中基会事务。

5 月底，上海解放。10 月 1 日，新中国成立。

1950 年，60 岁

担任上海市政协委员。但因所患眼疾日趋严重，后来几乎完全失明，加之身体虚弱多病，不能看书写作，也不便外出和参加社会活动，过着一种近似隐居的生活。但对国家在生活上的关怀照顾，始终铭记在心。

50 年代初，为照顾父母，次女以书从美国瓦莎女子大学毕业后回到上海工作，一直伺候在父母身边。

1961年，71岁

10月9日，任鸿隽突发脑血栓，经上海华东医院抢救无效，于11月9日去世。从此失去了一生同甘共苦的伴侣和知音，陈衡哲无比悲痛。

任氏逝世后，她信告以都，并让赶快通知"赫贞江上的老伯"（胡适代称），遵嘱，以都给胡伯伯去了信，胡适随即回了一封长信，很悲伤地说："政治上这么一分隔，老朋友之间，几十年居然不能通信。请转告你母亲，'赫贞江上的老朋友'在替她掉泪。"

是年冬，因任、陈夫妇志同道合，感情很深，一生相互关爱，相敬如宾，任鸿隽的去世，陈衡哲久久不能释怀，在双目失明的情况下，她摸着纸写了数首"哀词"，抒发对夫君的敬仰和思念的情怀。

1962年，72岁

7月，又提笔闭目写了数千字的悼念文章——《任叔永先生不朽》，以纯朴真挚的情感，概述了任氏的生平事迹和毕生在"立德、立功、立言"方面的不朽贡献。

1974年，84岁

2月，长女以都随宾夕法尼亚大学访华团首次回国，得以回家看望母亲和妹妹，圆了陈衡哲二十多年来盼望与女儿团聚的梦，遗憾的是任鸿隽已经去世。

是年，"文化大革命"尚未结束。"文革"初期，曾两次遭红卫兵"除四旧"抄家，任、陈珍藏的许多照片被毁，许多文稿、诗稿和书信在浩劫中不知去向。

1976年，86岁

1月7日，因患肺炎及其并发症，治疗无效，逝世于上海广慈医院，享年86岁，家人在《文汇报》上发布了讣文。

后　记

书写陈衡哲，走进的是一段天崩地坼、波澜壮阔的历史云烟。

走近陈衡哲，面对的是一位前尘知己。

凡事陈陈相因。扪心自问，在一大批杰出的民国才女中，我为何特别倾心陈衡哲？作为一个文学爱好者和研究者，我为何不去选择文学成就更为突出的冰心、丁玲、萧红、张爱玲作为自己的写作对象？

从潜意识角度追寻，这也许和我的成长经历、人生体验密切相关，和我对女性命运的长期关注、深入思考有关。

我生长于苏北乡村，家乡是有"千年牡丹"之誉的小镇便仓。在我幼年、少年的成长记忆中，留存了太多不幸的女性故事，这些不幸的故事主人公，有我挚爱的亲人，有我温馨的乡邻。我不明白，当灾难或者不公来临，她们为何只甘于逆来顺受？为何执拗于歇斯底里？为何宁愿义愤填膺地赴死，也不敢或者不愿与命运抗争？

阿凤是我的表嫂，她的丈夫是我二姑的儿子刚哥。阿凤年轻漂亮，结婚后和刚哥开始的生活还不错，后来生了一儿一女，我曾经亲耳听到刚哥对自己老婆的赞美。我以为，她的生活是幸福的，然而某年我从徐州回来，听到了她自杀而死的噩耗。她7岁的儿子小建跟随奶奶来到我家，对我说："我妈妈喝药水死了……"小建清澈的眼睛和不知死为何物的天真，令刚刚成年的我刻骨铭心。

20 年后，对人生无望的小建，从亲人的视线中一言不发地消失，我亦曾想方设法，觅其行踪，终不得而归。小建的失踪让我重新思考阿凤的死。

阿凤为何而死？说来说去，不外乎两点。一、夫妻矛盾。二、婆媳、姑嫂矛盾。对于一个以家庭为终身依恃的农村妇女来说，这种种矛盾，轻而易举地让阿凤感到了人生的无望，她悲痛欲绝，决绝赴死。

上世纪 80 年代，二姑、二姑父和刚哥一起率先搞起了水路运输，阿凤由于儿女年幼只能看家，两个小姑子还在读书。在阿凤看来，男人有钱就变坏，因为刚哥每次从外面回来，总是对她横挑鼻子竖挑眼，吵闹之余夫妻还分房而居。孩子上学、吃饭都要钱，有了钱的刚哥给阿凤生活费的时候，总是一副居高临下的姿态。我相信，没有生活来源的阿凤每次从丈夫手里拿钱的时候，一定是带着无限的屈辱的。

和阿凤从丈夫手里讨要生活费的艰难相比，刚哥的妹妹们——阿凤的小姑从父母那里要钱则太容易了。小姑子风风光光结婚时，父母给了上万元的陪嫁，嫁妆用卡车装了整整一车。在那个物质生活还非常匮乏的乡村，小姑的风光和嫂子的落魄形成了鲜明的对比。阿凤有怨，有恨，有不甘，但她无言无语，脸色一刻比一刻沉重——她在憋，尽管憋得很难受。本来就强颜欢笑的阿凤打扮得漂漂亮亮的，准备到小姑子夫家参加双方亲友初会的"会亲"宴会，然而小姑子却没有邀请她——家里所有人都去了，只留下她看家。阿凤觉得，公婆、丈夫、小姑子没有一个把她当人的，她只是两个孩子的保姆，一只看家的狗，一缕可有可无的风，谁——都可以对她忽略不计的。

想不开的阿凤一怒之下喝了一瓶敌敌畏，留下一双嗷嗷待哺的小儿女。缺失了母爱的温馨，父亲又经常去外面会女人，两个孩子只能跟着大字不识一个的老奶奶勉强度日。女孩子初中毕业后很快就嫁人，男孩子在奶奶去世后怎么也不愿意回家，2012 年，这个在孤独中长大的男孩莫名其妙地负气消失。阿凤如果地下有知，知道她"走"后给孩子留下了多少凄凉，多少辛酸和无望，她——还会那么率性地自蹈死地吗？她如果知道，知道她的死并没有让那爱偷腥的丈夫有所收敛，她，还要以生命的代价来抗争吗？

让我心痛难言的悲剧女性还有我善良的母亲——养母与生母。养母没有生育过，我的来临是养母无奈的选择。面对一个并非她亲自生育的孩子，她给予了我无限的宽容。在我少不更事的记忆中，她从来没有打过我一次。即使是言语上的责备，我都会习惯地辩解或者反抗。现在想来，正是养母不太自信的管教，给予了我超越同龄孩子的自由，我追逐清风，嬉戏于流水，去骑老牛的脊背，跟狗学汪汪叫，乏味了，又去找乡间一切可能的杂书来阅读。印象最深的，是母亲让我到码头提水，我拎着一个小桶，带着一本书，坐在码头上一看就是半天。等到母亲气急败坏地找过来时，一本书常常看了大半。母亲气不打一处来，但也只是气哼哼地埋怨几句。母亲让我烧火，我总是带着一本书坐到锅台边，边烧锅边看书，添柴也有一把没一把的，一顿饭不是烧糊，就是夹生，母亲怒不可遏，虚张声势，要把书放到锅膛里烧掉，但她从来就是发发狠，没有烧过一次的。

书看多了，懂得了不少道理，对母亲开始了有意识的理解和保护。母亲因为没有生育，在家里总是一副忍气吞声的模样。父亲是独子，既有被惯出来的坏脾气，也身负传宗接代的责任，无后为大的老思想让他一天到晚怨声怨气的。每当母亲遭到父亲这样或者那样的责难，她总是默默地做事，暗暗地流泪。于是我义正词严地和父亲辩驳，父亲有时高兴有时生气。母亲其实内心里是高兴的，但她又在背后叫我不要那样反驳父亲。在我看来，我只是遵循人伦常理地去维护一个受到欺凌的弱者，维护一个受到父亲责难的被压制的母亲。

命运并不会厚待我这个多年来忍辱负重的母亲。母亲四十多岁时得了治不好的白血病。治疗了一段时间以后，父亲在亲友的劝说下准备放弃治疗，母亲泪如雨下，一言不发。我明白，一个贫苦的乡村家庭所能承受的医治有限，亲友这样建议，是不想让父亲人财两空。但年幼的我不能接受这样一个无情的安排，我执拗地跪在地上，要求父亲借债给母亲继续治疗。也许是我的执拗，也许是父亲的深情，我们最终放弃了那个无情又冷酷的建议，集体筹资给母亲，让她踏上继续治疗的道路……

　　乡村女子的悲剧命运其实并不仅仅体现在日常劳作和生理病痛上，她们精神上的荒漠更令我感到无语凝咽，无能无力。

　　年幼时我不认识生母，只是习惯地称呼她为四姑。但母女连心，我眼里的四姑总是那样地充满慈爱，那样地拥有一种清澈的母性的美丽。等我长大后做了母亲，我才深刻地体会到她对我的念念不忘。当我还是一个小学生时，她总是自己摇船，趟过几十里水路，偷偷来看我，一小段清清脆脆的黄瓜，一个个从怀心里掏出来的温暖鸡蛋，是她带给我的最早的记忆。

　　我以为，四姑在我的心头会永远年轻而美丽。然而等我上了高中，我发现她渐渐不太对劲，她常常自言自语，身体也渐渐发福，不爱干活。通过姐妹们有意无意的转述，我知道了一些原委。原来生母把我送人，私心是想再生个儿子的。但一次又一次的，她又连生了几个女儿，怎么也没生出个儿子。跟丈夫、邻居吵几句嘴，人家总爱拿这些事说事，说来说去，生母渐渐犯了病。一点点风吹草动，她都以为是"黄鼠狼精"在害她。在她精神不太健康时，我古今中外，天文地理，打比方，举例子，百般劝慰，万般开导，但怎么开导，都改变不了她的消极心态。她这一辈子，走得最多的路，就是从婆家回到娘家，又从娘家回到婆家。她害怕远方，也不了解书本里的世界和我们生活着的这个世界其实也是息息相通的。她喜欢我，但怀疑我说的一切。她总是对我说："你一点不知道我的甘苦！"我眼睁睁地看着她，孤独地沉浸在自己想象的可怕世界里，无能无力！一次次地在精神病院进行药物治疗，使她渐渐失去了正常人应有的风采。

　　阿嫂、母亲们的不幸让我长歌当哭。在我有限的认知中，我以为她们的不幸的最根本的原因，在于没有接受过教育，没有读过书，没有为自己建构起了解世事和直面人生的强大心灵。悲悯之余，只能暗暗发愿，我一定不走她们的老路。我试图替她们去开掘一种不一样的人生。我相信，我的灵魂，是有韧性的。

由此，当我接触到百年前出生的陈衡哲，了解到她那样艰辛卓绝、义无反顾地主宰自己的命运时，我深深地将她引为我的前世知己。我希望，大千世界中还在无穷苦难中备受煎熬的女子，那些不甘于命运也不怨恨命运的普通人，能够从陈衡哲的人生经历和自我成长中，挖掘出抗争的力量、生存的智慧、造命的动力！

欣赏陈衡哲，是欣赏她的"造命"人生！

……

书写陈衡哲，还开启了一段我从未想象过的欧洲之旅。

2011年，我成功地申请到江苏省政府赴美留学奖学金。经过一段时间的准备，外语测试、担保、公证等程序基本就绪，只待美方寄来大学邀请函。没有想到，由于各种各样的原因，大学邀请函迟迟没有联系好。在这期间，陈义海先生转发了陈武先生的来信——为"重写文学大师"征稿。我心仪陈衡哲既久，便主动提请。在收集陈衡哲的资料的过程中，我读到史建国博士的专著与相关文章，通过他的描述，知道德国波鸿鲁尔大学对中国文学、对陈衡哲研究都有很大的兴趣。机缘巧合的是，正在我有些犹豫不决的当儿，中国总理访问德国，一幅李克强总理和默克尔总理亲切握手的画面让我灵机一动：这岂不是最好的天时？抱着试试看的心情，我于2013年5月底给波鸿鲁尔大学东亚学系Rüdiger Breuer（柏睿晨）博士发去英文申请。没有想到，柏睿晨先生很快回信，热情接受了我的访学申请，并为我的顺利成行提供了各种各样的便利条件。在我们相互约定的研究计划中，书写陈衡哲，是我们合作研究的项目之一。

在江苏省教育厅、波鸿鲁尔大学、盐城师范学院三方协助下，我完成了所有出入境手续，于7月底拿到签证，10月1日飞赴德国。到了波鸿之后，很快安定下来，继续开展关于陈衡哲方面的研究与写作。

在波鸿鲁尔大学的教师公寓里，我每天对着电脑紧张地工作着，到了夜深人静，我每天都会将当天所写的文章上传到自己的QQ空间里请亲友阅读，以便给我及时提供反馈的意见。我根据这些宝贵的意见，再做适度的修改。

在写作之余的清晨或者黄昏，我经常会穿好大衣，搭上围巾，掩门而出，一个人去室外饱览异乡山色空濛的秋景，放松疲惫的身心。透过大学天桥上方的栏杆，可以看到一条条又宽又长的公路道与地铁道，把一片完整的山林一劈两半。远方青山如黛，树木葱茏，天边蓝色的云彩，飘飘缈缈，一片苍茫。偶有从树林中一飞而起的寒鸦，划破长空的寂静，扑楞着翅膀，发出一阵令人感到凄哀愁苦的声音，渐渐消逝于海天苍茫之中。

于是，我习惯性地趴到栏杆上，望着遥遥的东方，思念着自己的故国亲人，心也好像飞到了云天之外。

这样一种蜜甜的哀愁并不能影响我在波鸿的心情。我在孤身写作的静谧中寻得了一种童年时代的安静，也品尝到了宁静中书香的味道。

书写陈衡哲的因缘际会开启了我一段梦幻般的旅程，也让我在异国他乡再次回顾了这一代才女的造命人生。

期待世间所有的女子，也能像陈衡哲一样，走好自己的人生。

书中征引的陈衡哲生平资料，主要见于冯进博士翻译的《陈衡哲早年自传》、史建国博士所著的《陈衡哲传》和抢救民间家书项目组委会编著的《任鸿隽陈衡哲家书》，特向这三部著作的编著者，表示衷心的感谢！

感谢陈武先生、陈义海先生、柏睿晨先生、徐海栋先生，他们多方面的支持，给我提供了机遇、时间和创作心情，使得我长时间的写作，充满了宁静之美和挑战之乐！

乐而忘忧，不知老之将至。

生命，与阅读、写作同在。

王玉琴

2013 年 10 月

于德国波鸿鲁尔大学